KB214583

복 있는 사람

오직 여호와의 율법을 즐거워하여 그 율법을 주야로 묵상하는 자로다.
저는 시냇가에 심은 나무가 시절을 좇아 과실을 맺으며 그 잎사귀가 마르지 아니함 같으니
그 행사가 다 형통하리로다. (시편 1:2-3)

리브스는 복음주의라는 명분으로 교묘히 은폐되어 감지하기 어려운 바리새인의 누룩을 예리하게 포착해 낸다. 주님이 혹독하게 책망하고 경계하신 바리새인의 위선은 단순히 윤리적인 실패가 아니라 그보다 더 심층적인 요인, 곧 영적이고 신학적인 문제에서 비롯되었다는 사실을 간과한다. 하나님으로부터 오는 영광보다 사람의 영광을 더 사랑하는 부패한 욕망이 하나님보다 사람들의 인정과 찬사를 받을 수 있는 의로운 가면을 만들기에 쉼이 없게 한다는 것이다. 성경과 신학 지식까지 자신의 명예와 영광을 향한 욕망을 성취하기 위한 수단으로 교묘히 이용된다. 그러면 성경 지식이 자기 마음을 살펴 숨은 죄를 깨닫고 주님께 나아가게 하기보다는 오히려 자신의 부패함과 어두움을 직시하지 못하게 하는 가면을 더욱 강화한다. 결국 겉은 아름다우나 속은 썩어 문드러진 사체가 있는 회칠한 무덤 같아지는 것이다. 십자가 보혈의 복음으로 병든 심령이 새로워져 하나님의 탁월한 영광을 보고 매료되는 영적인 감각이 되살아나는 것이 위선의 근본적인 치유책이라는 그의 메시지는, 오늘날 복음주의 교회에 다시 울려 퍼져야 할 일성이다.

박영돈 | 고려신학대학원 교의학 명예교수, 작은목자들 교회 담임목사

예수님은 바리새인들처럼 되지 말 것을 경고하셨다. 매력적이고 깊은 통찰이 담긴 이 책에서, 마이클 리브스는 오늘날 우리가 그 경고에 귀 기울여야 함을 상기시켜 준다. 우리는 모두 하나님이 주신 은혜의 복음을 기뻐하며 그 안에서 안식을 누리기보다 스스로를 신뢰하며 사람들의 칭찬을 갈구하기 쉽다. 우리는 늘 복음의 메시지를 되새기며, 자기 힘에 의존하는 허물을 회개해야 한다. 따라서 이 책은 우리 영혼을 위한 영적인 강장제와 같다.

토머스 R. 슈라이너 | 미국 남침례 신학교 신약학 석좌교수

이 책에서 마이클 리브스는 오늘날 교회가 직면하고 있는 미묘하면서도 치명적인 위협을 다룬다. 그리스도는 당시 바리새인들의 마음을 살피면서, 그들의 문제점을 이렇게 진단하셨다. "그들은 사람의 영광을 하나님의 영광보다 더 사랑하였더라"(요 12:43). 우리가 신앙의 순수성을 보존하기 위해서는 신앙고백과 신조들을 고수하는 것 이상의 일이 요구된다. 우리는 자신의 마음을 겸손히 돌아보고, 오늘날의 유명인 숭배 문화와 복음주의권에서 확산 중인 분파주의가 당시 바리새인들이 품었던 것과 유사한 동기 아래서 진행되고 있지는 않은지 자문해 보아야 한다. 이 책은 그 물음을 위한 좋은 출발점이 된다.

케네스 음부구아 | 케냐 엠마누엘 침례교회 수석목사

복음주의 바리새인

Michael Reeves

Evangelical Pharisees:

The Gospel as Cure for the Church's Hypocrisy

복음주의 바리새인

마이클 리브스
송동민 옮김

복 있는 사람

복음주의 바리새인

2023년 9월 21일 초판 1쇄 인쇄
2023년 9월 27일 초판 1쇄 발행

지은이 마이클 리브스
옮긴이 송동민
펴낸이 박종현

(주) 복 있는 사람
주소 서울특별시 마포구 연남동 246-21(성미산로23길 26-6)
전화 02-723-7183(편집), 7734(영업·마케팅) 팩스 02-723-7184
이메일 hismessage@naver.com
등록 1998년 1월 19일 제1-2280호

ISBN 979-11-7083-017-7 03230

Evangelical Pharisees: The Gospel as Cure for the Church's Hypocrisy
by Michael Reeves

내 친구이며 형제인 조엘에게

"친구는 사랑이 끊어지지 아니하고
형제는 위급한 때를 위하여 났느니라"(잠 17:17)

차례

누룩을
주의하라

오늘날 교회에 가장 시급히 필요한 것은 무엇일까? 더 나은 지도자들일까? 더 나은 훈련일까? 더 건강한 나눔일까? 정통 교리 혹은 도덕적인 청렴함일까? 이 일들도 꼭 필요하지만, 그 모두의 바탕에는 더 중대한 필요가 자리 잡고 있다. 그것은 바로 **복음을 진실하게 붙드는 삶**(gospel integrity)이다.

누가복음 12장에서 수천 명의 무리가 예수님의 말씀을 들으려고 모였을 때, 그분은 먼저 제자들을 향해 이렇게 말씀하셨다. "바리새인들의 누룩 곧 위선을 주의하라"(1절, ESV). 당시 예수님이 그 무리를 향해 이같이 경고하셨다면, 그리 놀랍지 않았을 것이다. 하지만 주님은 **제자들**, 곧 이미 모든 것을 버리고 그분을 따르던 이들에게 이렇게 말씀하셨다. 위선은 마음과 생각의 측면에서 진실성이 없는 태도인데, 예수님의 제자들조차 그 위험에서 자유롭지 않았다.

마태복음에 따르면 예수님은 제자들에게 이렇게 말씀하셨다. "삼가 바리새인**과 사두개인**들의 누룩을 주의하라"(마 16:6). 이에 관해 J. C. 라일은 이렇게 언급했다. "[그리스도는] 이 땅의 교회에 닥쳐올 두 가지 큰 재앙을 내다보셨다. 바리새인들과 사두개인들의 가르침이다."[1] 따라서 이 바리새주의가 예수님이 내다보신 교회의 유일한 위협 요소는 아니었지만, 아마도 주된 위협이었을 것이다. 바리새주의는 일종의 무

11

정하고 형식적인 종교로서, 교회가 노골적인 배교로 치닫기 전에 겪는 미묘한 영적 쇠퇴의 첫 단계다. 그것은 우리 내부의 영속적인 위협이며, 우리는 다른 이들의 실패를 분석하고 개탄하면서도 정작 자신의 문제들을 간과하기 쉽다.

숨겨진 암

살인, 간음, 도둑질과 같은 노골적인 죄를 간파하기는 대개 어렵지 않다. 하지만 위선은 본질상 일종의 위장이기에 그 실상을 알아내기 어렵다. 위선자들은 자기 정체가 드러나는 것을 원하지 않으며, 그 일을 피하기 위해 끊임없이 스스로를 위장하고 속인다. 이에 관해 찰스 스펄전은 이렇게 언급했다. "위선자들은 참된 그리스도인의 모습을 그럴싸하게 모방한다. 평범한 이들의 눈에는 그들이 너무도 훌륭한 위조품이기 때문에 일절 의심을 사지 않는다."[2] 반죽 속의 누룩이나 효모처럼, 위선은 인간의 마음을 바꾸어 놓지만 거의 눈에 띄지 않는다. 아무 표식이 없는 흰 무덤처럼, 위선자들의 마음속에는 죽은 자들의 뼈같이 더러운 것들이 가득하지만 그 겉모습은 아름다워 보인다(마 23:27).

오늘날 바리새주의가 교회 안의 지속적인 문제가 될 수

복음주의 바리새인

있다는 생각은 비웃음을 사기 쉽다. 자신을 진지하게 '바리새인'으로 지칭하는 사람은 이제 아무도 없기 때문이다. 우리는 어쩌다 다른 이들을 비난할 때나 그 단어를 쓰며, 그때도 그 말에 진심을 담지는 않는다. '바리새인'이라는 호칭은 마치 만화 속의 악당을 가리키는 이름처럼 다가오며, 어떤 이를 그런 자로 지칭하는 일은 다소 무정하고 잔인하게 여겨진다. 하지만 예수님 말씀에 따르면 '바리새인들의 누룩'은 제자들 앞에 놓인 분명하고 실제적인 위험 요소였다. 심지어 이 '누룩'은 은혜의 복음을 찬미하는 언행 아래 감춰진 채 '복음적인' 삶을 추구하는 이들이나 이신칭의를 옹호하며 신앙 고백을 고수하는 이들의 마음속에도 깊이 잠복할 수 있다.

설령 위선이 우리 마음속에 조용히 감추어져 있다 해도 그것은 결코 사소한 문제가 아니다. 성경에 따르면 노골적인 위선자는 "지옥의 자식"이다(마 23:15). 단테는 『신곡: 지옥편』에서 위선자들이 지옥의 제8층에 머문다고 묘사했으며, 이를 통해 자신의 탁월한 분별력을 보여주었다. 나중에 살펴보겠지만, 위선은 곧 복음을 부인하는 죄다. 위선자들은 온갖 방식으로 자신을 교묘히 위장하지만, 그 죄는 그들이 정죄하는 육신의 죄들보다도 본질상 더 마귀적인 성격을 띤다. C. S. 루이스는 이렇게 언급한다.

누룩을 주의하라

육신의 죄들은 물론 나쁘지만, 그 정도의 측면에서는 모든 죄 가운데 가장 덜합니다. 가장 사악한 쾌락은 전부 영적인 것들입니다. 다른 이들에게 잘못을 떠넘기거나 그들을 마음대로 쥐고 흔들면서 즐거워하는 일, 선심 쓰는 척하면서 뒤에서 험담을 일삼거나 권력을 탐하고 남을 미워하는 일이 있습니다. 내 안에는 마땅히 추구해야 할 인간적인 자아와 경쟁하는 두 대적이 있습니다. 그것은 동물적인 자아와 악마적인 자아이며, 이 중에서 후자가 더 나쁩니다. 따라서 매주 교회에 출석하는 차갑고 독선적인 도덕가가 매춘부보다 지옥에 훨씬 더 가까운 존재가 될 수 있습니다. 다만 둘 다 되지 않는 편이 물론 더 낫겠지요.[3]

오해받는 바리새인들?

과연 위의 논의는 예수님 당시 바리새인들의 실제 모습을 부당하게 묘사한 것일까? 교회 역사의 대부분에 걸쳐, 바리새인들은 위선의 대명사로 간주되어 왔다. 하나님의 의를 받아 누리기보다 그들 스스로 의를 획득하려 했던 율법주의자로 여겨져 왔던 것이다. 그러나 지난 반세기 동안, 한 무리의 학자들이 이 개념을 바로잡고 바리새인들의 평판을 회복

복음주의 바리새인

시키려고 노력해 왔다.[4] 그들이 바르게 지적했듯이, 구약의 종교는 인간 행위에 근거한 의의 종교가 아니라 은혜의 종교였다. 따라서 그들은 바리새인들을 행위 종교의 신봉자로 묘사하는 것은 부당하다고 주장했다.

물론 구약에서도 신약과 마찬가지로 하나님의 은혜를 가르친다. 하지만 당시 모든 이스라엘 백성(이 경우에는 바리새인들)이 그 은혜를 믿고 따르거나 그 안에서 살아갔던 것은 아니다. 오히려 구약 선지자들은 그 백성이 하나님 말씀에 귀 기울이지 않는다고 계속 지적했다. 이스라엘 백성은 육신의 할례를 받았으나 마음에는 할례를 받지 못한 자들이었다(신 10:16, 30:6, 렘 4:4, 9:26). 사실상 그 백성은 주님이 아닌 그들 자신을 신뢰하고 있었다.

물론 예수님 당시의 모든 바리새인이 노골적인 위선자였다고 말할 필요는 없다. 그러나 복음을 거스르는 위선이 그들의 전형적인 특징이었다는 예수님의 말씀을 이상하게 여겨서도 안 된다. 바리새인들은 사람들 앞에서 스스로를 정당화하고 높였으며(눅 16:15), 그들 자신의 의를 신뢰했다(18:9). 바울은 과거 바리새인 시절에 자신이 "육체를 신뢰했으며", "믿음 안에서 하나님이 주시는 의" 대신에 "율법에 속한 스스로의 의"를 추구했다고 기록했다(빌 3:4, 9). 이 고백에

15

누룩을 주의하라

서 우리는 바리새인들을 마귀의 자식으로 정죄하신 예수님의 말씀(요 8:44)을 그가 받아들였음을 알 수 있다. 바리새인인 그에게 정말 필요했던 것은 새 마음과 새 의였다.

복음의 문제

우리는 바리새주의를 그저 열심 있는 이들의 기질적인 약점으로 치부하기 쉽다. 위선적인 바리새인의 정신을 품은 이들은 교만과 아첨, 파벌 의식 혹은 무정한 태도로 자신만의 제국을 구축하는 것과 같은 결함을 드러내며, 이 때문에 바리새주의는 단지 도덕적인 문제로 여겨지곤 한다. 하지만 복음서에 기록된 바리새인들의 모습은 그것이 그저 영적인 동맥 경화로 인한 일종의 신경질적인 태도에 그치지 않음을 보여준다. 오히려 바리새주의는 **신학적인** 문제였다. 당시 바리새인들이 그런 식으로 말하고 행했던 이유는 바로 복음을 부정했기 때문이다. 그들이 무정하고 사람들의 칭찬을 갈구하며 스스로를 신뢰했던 일의 원인은, 모두 성경의 교훈을 외면하고 자신의 것이 아닌 의를 받아들이기를 거부하며 자신들에게 새 마음이 필요함을 인정하지 않으려 했던 그들의 신학적 태도에 있었다. 다시 말해 그들의 성품은 곧 그들이

16

따랐던 신학의 결과물이었다.

교회 안에 존재하는 병폐의 신학적 뿌리는 우리 눈에 드러나지 않은 채로 머물 때가 많다. (이는 그것이 '뿌리'이기 때문에 특히 그렇다.) 종교개혁 이전의 시대에도 그랬다. 중세 말엽, 많은 이들이 개혁의 필요성을 느꼈다. 수도회들은 자체 개혁에 착수했고, 교황들조차 약간의 개혁을 시도했다. 당시 모든 이들이 교회 안에 썩은 열매와 죽은 가지들이 있음을 알았다. 하지만 그중 대다수는 도덕적 측면에서 교회를 얼마간 정화하면 된다는 식으로 단순하고 피상적인 해결책을 내놓았다. 그저 교회 안의 악습을 정리하고 일부 사람들의 나쁜 행실을 바로잡기만 하면 모든 일이 회복된다는 것이다. 그러나 마르틴 루터는 이 문제의 심각성과 깊이를 제대로 파악하고 있었다. 그가 보기에 참된 교회의 개혁과 갱신을 위해서는 그 병폐의 신학적 원인을 다뤄야 했다. 그리고 이는 오늘날에도 동일하다. 우리 그리스도인들이 탄식하는 교회의 도덕적 결핍과 영적인 냉담함의 배후에는 깊은 신학적 뿌리가 자리 잡고 있다. 이 일을 바로잡기 위해서는 도덕적인 청렴함뿐 아니라 복음을 진실하게 붙드는 삶의 태도가 필요하다.

혹시 이 말이 정통 교리를 추구하자는 요청처럼 들릴지 모르겠다. 전혀 그렇지 않다. 물론 정통적인 신념은 중요하

17

지만, 그것과 복음을 진실하게 붙드는 삶 사이에는 상당한 차이점이 있다. 우리는 자칫 '죽은 정통', 혹은 표면상의 정통을 따르는 데 그칠 수 있다. 이는 곧 문서상으로는 신앙의 진리들을 옹호하면서도 자신의 마음과 삶으로는 그것을 부인하는 태도다. 이에 반해 복음을 진실히 붙들기 위해서는 그 진리들을 열린 마음으로 받아들여 우리 마음과 삶이 실제로 달라져야 한다. 이처럼 우리의 머리와 마음이 하나로 연합될 때 복음적인 진실성이 생긴다.

위선의 쌍둥이 격인 율법주의에 관해 싱클레어 퍼거슨은 이렇게 말했다.

율법주의는……지적인 문제에 그치지 않는다. 물론 우리의 **사고방식**이 삶의 방식을 좌우하기 때문에 그것이 지적인 성격을 띠는 것은 사실이다. 하지만 우리는 단순히 지적이며 관념적인 차원의 존재가 아니다. 율법주의는 우리가 하나님을 향해 어떻게 **느끼는지**의 문제와도 관련된다. 그것은 우리 마음과 감정의 문제이기도 한 것이다.……이런 측면에서 살필 때, 율법주의는 근본적으로 하나님의 선하신 성품들을 제한하는 인간 마음의 성향이 밖으로 드러난 결과물이다. 율법주의자들은 오직 부정적인 율법의 렌즈

복음주의 바리새인

를 통해 하나님을 바라보며, 이 때문에 우리 삶의 더 넓은 맥락 속에서 드러나는 그분의 거룩한 사랑과 자애로운 성품을 망각하게 된다.[5]

이렇듯 바리새인들의 '누룩'은 지성과 감정 모두의 문제였다. 그들은 자신들의 정통 신념을 자랑했다. 하지만 매일 성경을 연구하면서도, 그 바리새인들은 자신이 처한 어려움의 깊이나 하나님 안에 있는 자비의 풍성함을 미처 깨닫지 못했다. 그들은 은혜의 하나님을 믿는다고 고백했지만, 그 말의 참뜻에 대해서는 눈이 멀어 있었다. 하나님을 그저 조건적인 사랑을 베푸시는 분으로 여겼기에, 그분의 깊고 순전한 자비와 긍휼을 헤아릴 수 없었다. 그들은 하나님을 진심으로 사랑하지 않았으며, 단지 차가운 의무감에서 그분을 섬기려 했을 뿐이다. 바리새인들은 자신들이 성경에서 파악한 신의 모습을 좇아, 이기적이고 무자비한 태도로 다른 이들을 대했다.

우리는 정통 신앙의 허울을 유지하면서도 복음을 향한 진실성을 잃어버릴 수 있다. 이때 우리는 말로는 은혜를 고백하면서도 실제 삶에서는 까다롭고 엄격한 언행, 약자를 업신여기는 태도를 통해 그 본질을 배격한다. 우리가 이처럼

누룩을 주의하라

미묘하게 은혜의 복음을 부정할 수 있다는 사실은 이 위선의 문제가 얼마나 깊고도 어려운지를 잘 보여 준다. 장 칼뱅에 따르면 어떤 이들은 "[하나님의] 말씀을 공개적으로 비난하거나 멸시하지 않는 한" 문제가 없다고 여긴다. 하지만 이런 생각은 그들의 신앙이 공허하고 거짓될 뿐 아니라, 우리 죄의 본성에 대해서도 제대로 파악하지 못함을 보여 준다. 칼뱅은 이렇게 언급한다. "지금 인간의 마음 곳곳에는 허영심과 오류가 숨어 있으며, 온갖 기만과 위선이 그 표면을 덮고 있다. 그리하여 우리는 종종 자신에게 속고 만다."[6]

바리새인들의 '누룩'이 머리와 가슴 모두의 문제이기 때문에, 그저 정통 교리를 옹호하는 것만으로는 그 질병을 제대로 고칠 수 없다. 우리가 그리스도인답게 살아가기 위해서는 교리적인 지식 이상의 것이 요구된다. 칼뱅이 말했듯이, 우리 마음속에 "하나님의 자애로운 사랑에 대한 확신"이 깊이 뿌리내려야 한다.[7] 이와 동시에 바리새주의는 주로 신학적인 문제였으며 지금도 여전히 그렇다. 그 사안에는 우리가 품은 지식 이상의 것들이 개입되지만, 그렇다 해도 지식 자체가 배제되는 것은 아니다.

복음주의 바리새인

바리새주의의 질병 치유하기

복음서에서 예수님은 당시 바리새인들이 범했던 기본적인 신학적 실수 세 가지를 이렇게 지적하셨다.

1. 그릇된 성경관
2. 왜곡된 구원관
3. 거듭남을 경시하는 태도

그들은 복음의 세 가지 필수 요소인 **계시**와 **구속**, **거듭남**을 오해했다. 우리는 이 요소들을 이렇게 정리할 수 있다.

1. 성경 안에 있는 성부 하나님의 계시
2. 복음 안에 있는 성자 하나님의 구속
3. 우리 마음을 거듭나게 하시는 성령 하나님의 사역

이 요소들은 성경적이고 삼위일체적이며 신조적인 복음 이해의 세 가지 기본 주제다.[8] 이 요소들은 오늘날 복음주의가 앓고 있는 바리새주의의 질병을 진단하고 그 내적인 병폐들을 극복하는 데 유익한 잣대가 된다. 지금의 상황은 1세

21

기 당시의 바리새주의가 처했던 것과 매우 유사하기 때문이다. 나는 (파벌주의부터 지나친 실용주의에 이르기까지) 우리의 근본 문제가 이 복음의 요소들을 제대로 받아들이지 못한 그간의 실패와 밀접히 연관되어 있음을 보이려 한다.

루터가 보았듯이, 교회의 참된 개혁을 위해서는 그저 도덕적인 정화 이상의 일이 요구된다. 지금 우리에게는 복음이 필요하다. 이 복음이 없다면, 우리의 개혁 시도는 매우 피상적인 수준에 그치게 될 것이다. 이에 관해 청교도 목회자였던 리처드 백스터는 이렇게 언급한다.

> 그저 몇 가지 의식을 중단하고 성직자들의 의복과 몸짓이나 예배의 형식들을 바꾸면 개혁이 완수되었다고 여길 수 있겠습니까? 아닙니다! 우리의 과업은 사람들의 영혼을 회심시키며 구원하는 것입니다. 그것이 개혁의 가장 주된 부분입니다.[9]

복음을 통한 마음과 삶의 개혁이 없을 때, 우리는 조나단 에드워즈가 노샘프턴 교회에서 겪었던 다음의 현상에 직면할 수 있다. 이는 신자들이 "차분하고 진지하며 선량함"에도 불구하고 여전히 "마른 뼈" 같은 상태로 남아 있는 일들이

복음주의 바리새인

다.[10] 지금 우리에게는 루터와 청교도, 에드워즈의 전통에 속한 이 참된 개혁이 필요하다.

누룩을 주의하라

바리새인들과 계시

2

바리새인들의 핵심 문제는 요한복음 5장에 기록된 예수님과 유대 지도자들의 논쟁 가운데서 잘 드러난다. 당시 예수님은 이렇게 말씀하셨다. "너희가 성경에서 영생을 얻는 줄 생각하고 성경을 연구하거니와 이 성경이 곧 내게 대하여 증언하는 것이니라. 그러나 너희가 영생을 얻기 위하여 내게 오기를 원하지 아니하는도다"(39-40절). 그들에게는 성경관의 측면에서 신학적 문제가 있었다.

문제의 근본 원인은 그저 성경 해석의 오류 같은 것이 아니었다. 그 뿌리에는 깊은 마음의 병폐가 자리 잡고 있었다. 예수님은 이렇게 지적하셨다. "너희가 서로 영광을 취하고 유일하신 하나님께로부터 오는 영광은 구하지 아니하니 어찌 나를 믿을 수 있느냐"(44절). 이것이 모든 허물의 근원이었다. 그들은 사람들의 칭찬에 중독된 나머지 눈을 들어 하나님의 영광을 구하려 들지 않았다. 그들은 위선을 낳는 마음의 중독에 사로잡혀, 주위 사람들의 찬사를 구하면서 자신들의 겉모습만을 가꾸어 나갔다. 그러는 동안 그들의 깨어진 자아는 외적인 의의 가면 아래 감춰져 있었다. 이런 상황이 지속되면서 그들의 실체가 깊이 은폐되었고, 마침내 그들 자신도 그것을 망각하게 되었다. 그들은 이미 속이는 자가 되었지만 그 사실을 깨닫지 못했다. 그 가면 뒤에 있는 자신의

바리새인들과 계시

본모습을 헤아릴 수 없게 된 것이다. 하나님과의 관계가 단절된 그들은 스스로에게서도 단절되고 말았다.

자서전 『예기치 않은 기쁨』에서 C. S. 루이스는 이 위선이 얼마나 쉽게 자라나고 영향을 끼치는지를 잘 묘사했다. 하나님을 믿지 않던 소년 시절, 그는 영국 성공회의 견신례를 받았다. 이것은 자신의 기독교 신앙을 고백하며 확증하는 예식이었다. 문제는 그에게 신앙이 없었다는 것이다. 하지만 루이스는 아버지의 인정을 받기 위해 거짓으로 그 예식에 참여했다. 그는 이렇게 회고한다. "[나는] 철저한 불신앙 가운데서 남들을 속이면서 자신의 정죄를 먹고 마셨다. [새뮤얼] 존슨이 지적했듯이, 용기가 없는 곳에서는 (우연이 아니고서는) 어떤 미덕도 살아남지 못한다. **나는 겁쟁이였기에 위선에 빠졌으며, 이는 신성모독으로 이어졌다.**"[1]

바리새인들의 문제는 주위를 내려다보는 그들의 마음 자세에서 시작되었다. 그들은 주위를 **내려다보면서** 다른 이들과 자신을 비교했고, **같은 태도로** 다른 이들의 칭찬을 추구했다. 그러는 동안 그들은 결코 높으신 하나님의 영광을 우러러보지 않았다. 그들은 하나님의 영광을 구한다고 믿었지만, 실상은 주위 사람들의 평가를 그분의 인정으로 착각했을 뿐이다. 그들은 하나님의 영광을 그들 자신의 것과 거의 동

26

일시했다. 그들은 주위를 늘 내려다보았기에, 하나님의 자비가 없이는 자신들이 감히 그분 앞에 나아가 설 수 없다는 생각을 하지 못했다. 이는 그들 자신을 무한히 초월하시며 전혀 다른 속성을 지니시는 하나님의 사랑을 조금도 헤아리지 못했다.

주위를 내려다보는 이런 태도는 연구에 집착했던 바리새인들의 삶에 잘 어울렸다. 그들은 이런 마음으로 성경을 살폈으며, 그 본문의 주인이 되려 했다. 그들이 성경의 지적인 통달을 목표로 삼은 이유는 이를 통해 생명을 얻는다고 믿었기 때문이다. 사실 이것은 그들이 얻을 수 있는 유일한 보상이었다. 결국 그들은 성경의 인도를 따라 생명의 주이신 하나님을 우러러보는 데까지 나아가지 못했다.

성경 자체가 목적이 될 때

이 위선에서 생겨나는 신학적 문제는 정확히 어떤 것이었을까? 깊은 병에 걸렸을 때 흔히 그렇듯이, 겉으로는 상당히 그럴듯해 보였다. 결국 그들은 성경을 탐구하고 있었기 때문이다. 바리새인들은 "하나님의 말씀을 맡[은]" 자신들의 특권을 민감하게 의식했고(롬 3:2), 철저한 성경 학도가 되었

바리새인들과 계시

다. 그들은 성경 각 권의 단어와 글자 수까지 헤아리면서 음절 하나하나의 의미를 파헤치려 했다. 엄격한 율법의 훈육을 받은 그들은 스스로 "맹인의 길을 인도하는 자요 어둠에 있는 자의 빛이요 율법에 있는 지식과 진리의 모본을 가진 자로서 어리석은 자의 교사요 어린 아이의 선생"이 될 수 있다고 믿었다(롬 2:19-20).

바리새인들은 단순히 하나님 말씀을 정확하고 책임감 있게 다루려 했던 것이 아니다. 그들은 근면한 성경 연구 자체를 경건의 핵심으로 여겼다. 랍비들의 타르굼(Targums, 고대 히브리어 성경을 아람어로 번역한 본문—옮긴이)에서는 하나님을 한 분의 꼼꼼한 학자로 묘사하면서 이렇게 언급한다. "그분은 날마다 성경 연구에 몰두하신다."[2] 당시 바리새인들은 성경에 대한 지적인 이해만으로 생명을 얻을 수 있다고 믿었다. 예수님은 이렇게 말씀하셨다. "너희가 성경에서 영생을 얻는 줄 생각하고 성경을 연구하거니와"(요 5:39). 이것이 바로 그들의 태도였다. 어떤 글에서는 이렇게 언급한다.

[랍비 힐렐은] 종종 이렇게 말했다.……"토라를 많이 배울 수록 풍성한 생명을 얻으며, [학자들의 모임에] 오래 앉아 있을수록 깊은 지혜를 터득한다.……어떤 이가 선한 평판

복음주의 바리새인

을 얻었다면, 이는 상당한 유익이다. 그러나 토라의 지식을 쌓을 경우, 이는 곧 내세의 삶으로 나아가는 길이 된다."[3]

바리새인들은 이처럼 성경의 어구들에 몰두하면서도 정작 성경의 진리를 헤아리지 못했다. 그들의 탐구는 영적인 감화와 깨달음이 없는 지적인 분석이었다. 그들은 구원의 신앙을 일종의 지식과 정보로 간주했기 때문에 자기 마음을 돌아보지 못했으며, 인간의 문제가 그저 지적인 무지에 있다고 여겨 배움과 연구만으로 그것이 충분히 해결될 수 있다고 믿었다. 이 때문에 자신들의 깊은 영적인 질병이나 구속의 절실한 필요성을 헤아리지 못했다. 그들은 열심히 성경을 연구했지만 정작 예수님께 나아가서 생명을 얻는 일은 원치 않았다.

때로 복음주의자들은 성경에 너무 높은 권위를 부여한다는 이유로 바리새인의 오류에 빠져 있다는 비판을 받는다. 하지만 그것은 옳은 지적이 아니다. 이론적인 면에서 복음주의자들은 예수님 자신의 성경관을 따라갈 뿐이기 때문이다. 예수님은 성경을 사람의 말로 기록된 하나님의 말씀으로 여기셨다. 성경이 말하는 바는 모두 그분의 말씀이었으며, 이는 그 내용이 한 인간 선지자에 의해 기록되었을 때도 그러했던 것이다. 한 예로, 예수님은 출애굽기 20:12에서 "모세

바리새인들과 계시

가 말한 바"를 곧 "하나님의 말씀"으로 간주하셨다(막 7:10, 13, ESV). 바리새인들의 잘못은 성경을 하나님 말씀으로 여기고 그 책에 **높은** 권위를 부여한 데 있지 않았다. 예수님 역시 그런 입장을 취하셨기 때문이다. 오히려 잘못은 성경 자체를 **구원을 얻기 위한 신앙의 대상**으로 여기고 그 책에 **그릇된** 권위를 부여한 데 있었다. 그들은 성경 혹은 그것에 대한 지식 자체에 생명이 있다고 착각했던 것이다.

복음주의자들 역시 이 바리새인들의 죄에 빠질 수 있다. 우리도 성경 자체를 목적으로 삼곤 하기 때문이다. 바리새인들의 경우처럼, 그 일은 우리에게도 유혹 거리가 된다. 인간의 근본 문제를 일종의 무지로 여기고 그 해결책이 단순히 성경 지식에 있다고 믿는다면, 자기 마음을 살피면서 그 숨은 죄들을 파악해야 하는 불편한 상황을 모면할 수 있다. 이때 우리는 내면의 깊은 어둠과 더러움을 애써 외면하고, 독서와 연구를 통한 자기 계발에 치중하게 된다. 이는 건전한 그리스도인들이 마땅히 택할 길처럼 보이지만, 그 길에는 모든 일을 감찰하시는 하나님의 영광의 빛 아래서 자신의 죄인 됨을 깨닫고 이사야처럼 "화로다, 나여!"라고 부르짖는 마음의 고뇌가 배제되어 있다(사 6:5).

여기에는 기이한 아이러니가 자리 잡고 있다. 복음주의

복음주의 바리새인

자들은 늘 기독교 예식주의를 경계하면서, (교회 출석 등의) 단순한 행위들을 하나님에 대한 참된 지식으로 착각하는 명목상의 미신에 반대해 왔다. 로마 가톨릭 교회는 인간이 성례들을 통해 '사효적인' 방식(*ex opere operato*, 이는 본질상 자동적인 방식이다)으로 은혜를 받는다고 가르치며, 복음주의자들은 이런 그들의 사상을 우리가 인격적인 믿음으로 영접해야 할 복음에 대한 모욕으로 여긴다. 하지만 우리도 성경을 이와 똑같이 대할 수 있다. 우리의 성경 읽기를 통해 하나님의 은혜가 자동으로(*ex opere operato*) 임하는 것처럼 착각하기 쉽다는 것이다. 다른 이들이 성지 순례를 가거나 속죄를 위한 고행에 몰두할 때, 복음주의자들은 규칙적으로 성경 읽기의 의식을 수행한다. 때로 그것은 너무나 조잡한 미신이어서, 성경책을 거꾸로 들고 읽어도 별 상관이 없는 것처럼 느낄 수 있다. 이때 우리의 '예배'는 그저 매일 고요한 시간을 갖는 하나의 의식이 되고 만다. 기계적이고 무정한 태도로, 하나님께 의지하며 그분을 높이려는 마음이 전혀 없이 그 일을 행하는 것이다. 이에 관해 그랜트 매캐스킬은 이렇게 언급한다.

우리는 조용히 성경 읽는 시간을 통해 하나님 말씀 듣는 법을 훈련하기보다, 무심코 그 일 자체를 목표로 삼게 된다.

바리새인들과 계시

그리고 정기적인 친교 행사 자체를 기독교적인 성장의 토대로 삼기도 한다. 이때 우리는 하나의 중대한 요점을 놓치고 만다. 우리는 자칫 이 모든 일을 그릇된 동기에서 행하는 처지에 놓일 수도 있다. 새로운 지식 습득을 즐기고 친교 모임을 통해 사회적 활력을 얻으며, 꾸준한 종교적 실천을 통해 자기 존재가 확인되는 느낌을 맛보면서도 정작 예수님에 관해서는 아무 관심도 쏟지 않는 것이다. 예수님이 모든 일의 주관자이심을 망각하고 그분을 우리 삶의 한 작은 영역 속에 가두려 할 때, 다른 모든 영역이 왜곡된다. 예를 들어 우리는 그리스도의 음성을 듣고 우리 삶에 찾아오시는 그분의 손길을 체험하려는 마음으로 구약을 읽는 대신에, 그것을 그저 우리 삶의 방식에 대한 하나님의 계명들을 파악하기 위한 하나의 수단으로 간주할 수 있다. 이때 우리는 바리새주의의 덫에 걸려든다.[4]

복음주의자들이 성경 자체를 목적으로 삼을 때, 바리새인들과의 섬뜩한 유사성이 조금씩 드러난다. 이때 우리는 성경을 우리의 참모습을 비춰 주는 거울로 여기고 소중히 아끼는 것이 아니라(약 1:22-25), 다른 이들을 공격하는 무기나 자신의 탁월함을 과시하는 도구로 삼게 된다. 성경의 참빛을

복음주의 바리새인

깨닫지 못한 채 그 어구들에만 숙달되면 우리 안에서 교만이 점점 자라난다. 성경 자체가 목적이 될 때 설교는 그저 자신의 회중을 성경의 전문가로 양육하는 일이 된다. 때로 그들은 꼼꼼하고 착실한 성경학도가 되지만, 그때도 주님의 제자가 아니라 일종의 율법학자일 뿐이다. 그들은 해박한 성경 지식을 갖췄으면서도 자기 문제의 심각성은 전혀 헤아리지 못하는 이들이 된다. 그들은 자신의 힘을 내세우고 자랑하며, 하나님의 자비를 간구하는 모습을 보여주지 않는다. 이들은 진정으로 그리스도께 경배하며 그분을 사랑할 수 없다.

이 복음주의자들은 자만심에 찬 태도로 지적인 면모를 드러내곤 한다. 그들은 주로 지식에 관심을 쏟으며, 무지를 가장 중한 죄로 여긴다. 오늘날의 복음주의자들이 '신조 대신에 성경'을 지향하는 반지성주의와 신학을 의심하는 태도로 잘 알려져 있음을 생각할 때, 이는 다소 놀랍게 여겨질지 모른다. 하지만 사람들은 지적이면서도 얄팍한 모습을 충분히 드러낼 수 있다. 만약 성경의 내용이 그저 우리가 습득해야 할 정보들일 뿐이라면, 그 내용이 단순한 것이기를 바랄 이유가 더 뚜렷해진다. 그러면 성경의 전문가가 되는 일이 더 쉬워지기 때문이다. 이를 통해 우리는 자신의 탁월함을 더 널리 과시하게 된다. 그 결과로, 잘난 체하면서도 피상적

바리새인들과 계시

인 복음주의자들의 문화가 생긴다. 이때 복음은 외부인과 입문자들만을 위한 신앙의 기초 단계로 취급된다. 그리고 나머지 신자들은 하나님 앞에 겸손히 무릎 꿇지 않은 채 지식의 얄팍한 위안 속에 머무는 것이다.

요점은 이것이다. '과연 우리는 성경 읽기를 통해 그리스도께로 나아가고 있는가?' 구체적으로, 우리의 성경 읽기는 우리를 **개인 기도**의 자리로 이끄는가? 우리가 기도한다는 사실 자체는 중요하지 않다. 위선자들도 "사람에게 보이려고 회당과 큰 거리 어귀에 서서 기도하기를 좋아[한다]"(마 6:5). 따라서 대중 앞에서의 기도는 우리의 신앙이 올바름을 입증할 수 없다. 중요한 문제는 과연 다른 이들이 보지 않을 때도 하나님 앞에 나아가느냐 하는 것이다. 여러분은 "골방에 들어가 문을 닫고 은밀한 중에 계신 [여러분의] 아버지께 기도하[고]" 있는가(6:6). 성도와 바리새인의 차이를 드러내는 것은 바로 이 은밀하고 자연스러운 영혼의 움직임이다.

복음주의의 큰 문제

마틴 로이드 존스도 바리새주의가 복음주의 신앙의 주된 병폐라고 지적했다. "오늘날, 그리고 지난 50여 년 동안

복음주의 바리새인

교회가 처했던 상태를 돌아볼 때, 교회의 가장 큰 문제는 바로 이 오류에 빠지는 것이다."[5]

로이드 존스는 '샌디먼주의'(Sandemanianism)라는 역사적 분파의 명칭에 근거해서 이 문제를 다루었다. 이성주의적인 성격을 띤 이 분파의 이름은 그 주된 옹호자였던 스코틀랜드의 목사 로버트 샌디먼(1718-1771)에게서 유래했으며, 이 분파의 영향력은 18세기 후반부터 19세기 초반까지 그 절정에 이르렀다. 샌디먼주의자들은 구원의 신앙이 그저 "단순한 진리에 대한 단순한 신념"(bare belief of the bare truth)으로 이루어져 있다고 여겼다.[6] 우리 신앙 가운데 복음의 진리에 대한 **지적인 동의** 이상의 무언가가 포함되면 그것은 하나의 공로적인 행위가 되고 만다는 것이 샌디먼의 견해였다.

그에게는 나름대로 이 견해를 지지해 주는 '복음적인' 근거가 있었다. 그는 구원을 베푸시는 하나님의 자유롭고 절대적인 주권을 보존하려 했다. 따라서 그는 구원의 신앙 가운데 우리가 그분께 능동적으로 마음을 쏟는 일이 조금이라도 포함되는 것을 거부했다. 그에 따르면 이때 우리의 신앙이 자신의 공로를 내세우는 하나의 행위가 된다는 것이다. 따라서 신앙은 그저 **복음의 참됨**에 대한 지적인 인정에 그쳐야 하며, 그 속에 그리스도를 적극적으로 신뢰하며 사랑하는

35

바리새인들과 계시

일이 포함되어서는 안 되었다.

　이런 신념을 좇아, 샌디먼주의자들은 강해와 설교에 헌신하는 정통적이고 부지런한 성경 연구자가 되려 했다. 하지만 그 경건한 겉모습 아래에는 신자들의 마음을 심히 위축시키는 영적인 질병이 도사리고 있었다. 웨일스의 유명한 설교자였던 크리스마스 에반스(1766-1838) 역시, 샌디먼주의에 빠져 있던 시기에 그런 문제를 겪었다. "[당시 나는] 그리스도와 그분의 희생, 성령님의 사역에 관해 몹시 냉담한 상태였다. 이 마음은 강단뿐 아니라 개인 기도처와 서재에서도 계속되었다."[7] 샌디먼주의의 영향으로 그는 "영적인 서리가 뒤덮인 차갑고 황폐한 땅"에 머물게 되었다.[8]

　이는 놀랄 일이 아니다. 구원의 신앙은 단순한 성경 지식에 그치지 않기 때문이다. 성경을 그렇게 대하는 것은 마치 처방전을 약으로 여기거나 이정표를 목적지로 간주하는 일과 같다. 두 종류의 지식 사이의 차이점을 분간하지 못하는 것이다. 그것은 바로 우리가 단순히 무언가를 **관찰할** 때 얻는 '객관적인' 지식과, 어떤 일을 직접 경험하고 누림으로써 얻는 인격적인 지식이다. C. S. 루이스는 이 분별의 필요성을 깨닫고, 자신의 글 "공구실에서 한 생각"에서 이렇게 서술했다.

복음주의 바리새인

오늘 나는 어두운 공구실 안에 홀로 서 있었다. 바깥에는 환한 해가 비쳤고, 문 위쪽의 작은 틈으로 그 햇살이 들어 왔다. 내가 선 자리에서는 먼지가 떠다니는 그 빛줄기만이 눈에 띄었으며, 다른 곳은 전부 칠흑같이 어두웠다. 나는 그 빛줄기를 바라보았을 뿐, 그 빛줄기를 통해 다른 것을 살피지는 못했다. 그런 다음에 나는 그 햇살 쪽으로 움직여 서 그것에 직접 눈을 갖다 댔다. 그러자 이전의 모든 광경 이 이내 사라졌다. 이제는 공구실도, (무엇보다) 그 빛줄기의 모습도 보이지 않았다. 대신에 나는 그 문 위쪽의 들쭉날쭉 한 틈 너머로, 어떤 나무의 푸른 잎들이 바람에 나부끼는 모습을 보았다. 그리고 그 너머에는 대략 9,000만 마일쯤 떨 어진 곳에서 태양이 빛나고 있었다. 이렇듯 빛줄기 자체를 바라보는 것과, 그 빛을 통해 그 너머의 세상을 바라보는 것은 전혀 다른 경험이었다.[9]

이처럼 우리가 보게 되는 모습은 자신의 위치에 따라 달 라진다. 이는 성경을 살필 때도 마찬가지다. 하나님이 우리 에게 성경을 주신 뜻은 그저 **그 책 자체**를 바라보라는 것이 아니다. 오히려 성경의 빛을 통해 **그리스도**를 바라보라는 것 이다. 성경 자체에 생명이 있는 것이 아니며, 그 책은 스스로

바리새인들과 계시

를 내세우지도 않는다. 오히려 그것은 "**그리스도의 말씀**"이며(롬 10:17), "[우리]로 하여금 **그리스도 예수 안에 있는 믿음으로 말미암아** 구원에 이르는 지혜가 있게" 한다(딤후 3:15). 성경의 목적은 그저 우리로 그리스도에 관한 **지식**을 얻거나 그분의 어떠하심을 이따금 생각해 보게 하려는 것이 아니다. 그 목적은 우리가 그분께로 나아가 **생명**을 얻게 하려는 것이다(요 5:40).

어쩌면 내가 진부한 구호를 반복하는 것처럼 보일지도 모르겠다. 지금 '성경 전체에서 그리스도를 발견하기'는 복음주의권의 여러 책과 집회에서 자주 언급되고 있으며, 나는 이 일을 여러모로 기쁘게 생각한다. 이는 창세기부터 계시록에 이르기까지 모든 성경의 목적이 "예수께서 하나님의 아들 그리스도이심을 믿고 그 이름을 힘입어 생명을 얻게" 하는 것이라는 점에 많은 이들의 의견이 일치함을 보여준다(요 20:31, ESV). 다만 여기서 내 논의의 요점은 거기에 있지 않다. 바리새인들의 위험성은 그보다 더 깊은 곳에 자리 잡고 있다. 우리는 모든 성경에서 그리스도가 어떻게 선포되는지를 탐구하고, 설교를 맺을 때마다 그 본문의 참 의미이신 "그리스도를 제시할" 수 있다. 하지만 여전히 **그분**을 전하지는 않게 되는 것이다. 곧 그리스도에 **관해** 설교하면서도, 정작

복음주의 바리새인

그분 자신을 증거하지 않을 수 있다. 이때 '성경 전체에서 그리스도를 발견하는' 일은 하나의 주해 게임이 된다. 설교자들은 그리스도께서 각 본문의 퍼즐에 대한 해답이심을 보여주지만, 청중에게 그분 자신을 소개하고 전하는 일에는 실패하고 만다. 그리고 성경 독자들은 그리스도께서 올바른 '답'이라는 데 동의하면서도, 신뢰의 마음으로 그분 앞에 나아와 경배하지는 않게 된다. 좋은 주해는 늘 유익하지만, 그것을 이 문제의 특효약으로 여기는 것은 사실상 지적인 무지를 모든 문제의 근원으로 여겼던 바리새인들의 함정에 빠지는 일이다. 예수님에 따르면, 진정한 문제의 뿌리는 사람 마음의 죄악 된 성향에 있다. "너희가 영생을 얻기 위하여 내게 오기를 원하지 아니하는도다"(요 5:40).

우리 복음주의자들이 성경에 높은 권위를 부여하신 예수님의 관점을 따르는 것은 옳다. 우리는 성경을 그분께로 인도하는 말씀으로 소중히 여긴다. 하지만 성경은 그리스도가 아니다. 많은 이들은 성경을 일종의 부적처럼 간직하지만, 그 책을 소유하는 것만으로는 충분하지 않다. 성경을 읽거나 설교를 듣는 일, 성경을 부지런히 연구하는 일조차 충분하지 않다. 우리는 아볼로처럼 "성경에 능통한 자"가 될 수 있지만(행 18:24), 그 지식이 곧바로 생명을 낳는 것은 아니다.

바리새인들과 계시

오히려 우리의 성경 연구는 신앙과 무관하게 자신을 과시하기 위한 취미가 되어 버릴 수 있다. 마틴 로이드 존스는 오늘날의 "큰 문제"가 바로 여기에 있다고 지적했다. 곧 우리의 지식을 그리스도에 대한 신뢰나 그분 안에서의 인격적인 성장과 혼동할 수 있다는 것이다. 이 때문에 찰스 스펄전은 다음과 같이 기도할 것을 권면한다.

오, 살아 계신 그리스도시여! 이 책이 내게 살아 있는 말씀이 되게 하소서. 당신의 말씀에는 생명이 담겨 있지만, 성령의 역사가 없이는 그 생명이 임하지 않습니다. 당신의 말씀인 성경을 낱낱이 알고 그 내용을 창세기부터 계시록까지 다 암송하더라도, 그것은 내게 여전히 죽은 책으로 남고 내 심령도 죽은 상태에 머무를 수 있습니다. 주님, 이곳에 임하소서. 그러면 내가 성경을 통해 당신을 우러르게 될 것입니다. 그 책의 계명 가운데서 그것을 성취하신 당신을 발견하며, 그 율법 가운데서 그것을 영화롭게 하신 당신을 볼 것입니다. 그리고 그 위협 속에서 나를 위해 그 시련을 감당하신 당신을 만나며, 그 약속 가운데서 친히 "예와 아멘"(고후 1:20 참조—옮긴이)이 되시는 당신의 모습을 바라보게 될 것입니다.[10]

복음주의 바리새인

성경에 덧붙이기

바리새인들이 하나님의 계시를 다루면서 범한 실수는 성경 자체를 목적으로 삼은 것만이 아니었다. 그들은 지칠 줄 모르는 성경의 탐구자치고는 다소 놀라운 또 하나의 실수를 저질렀다.

바리새인들의 특징은 성경에 높은 권위를 부여하는 것이었다. 복음서에서 언급되는 다른 주요 유대교 종파인 사두개인들과 비교할 때, 사두개인들은 신학적 자유주의자처럼 보이는 반면 바리새인들은 보수주의자처럼 여겨진다. "사두개인은 부활도 없고 천사도 없고 영도 없다 하고 바리새인은 다 있다 함이라"(행 23:8). 하지만 단순히 사두개인들이 성경을 배척하고 바리새인들은 그 가르침을 옹호했던 것이 아니다. 당시 사두개인들이 성경의 가르침에서 무언가를 제거했다면, 바리새인들은 그 내용에 무언가를 덧붙였다. 이는 그들이 무엇보다 자신들의 전통을 중시했기 때문이다. 바리새인들은 하나님이 시내산에서 모세에게 구약의 율법에 담긴 것보다 더 많은 내용을 알려 주셨다고 주장했다. 그에게 일련의 전통들을 계시하셨고 이후 그 내용들이 여러 세대에 걸쳐 입으로 전승되었다는 것이다. 마침내 이 전통들은 '미쉬

바리새인들과 계시

나'로 기록되고 보존되어, (그 주석인 '게마라'와 함께) '탈무드'를 이루었다. 당시 바리새인들은 이 탈무드가 성경과 거의 동등한 권위를 지닌다고 여겼다. 한 예로, 랍비들의 타르굼에서는 하나님이 낮에 성경 연구에 몰두하시며 밤에는 미쉬나 연구에 전념하신다고 서술한다.[11] 그러므로 우리는 다음의 본문에서 드러나는 그들의 태도를 의아하게 여길 필요가 없다. "바리새인과 서기관들이 예루살렘으로부터 예수께 나아와 이르되 당신의 제자들이 어찌하여 장로들의 전통을 범하나이까"(마 15:1-2).

당시 바리새인들은 성경의 신뢰성을 인정했지만, 실제로는 성경을 최고의 권위를 지닌 하나님의 말씀으로 여기지 않았다. 이에 예수님은 이렇게 말씀하셨다. "너희는 어찌하여 너희의 전통으로 하나님의 계명을 범하느냐"(마 15:3). 아마도 그 답은, 그들이 스스로를 옳다 하기 위해 자신들의 전통을 가지고 하나님의 계명을 수정해야만 했기 때문일 것이다. (이 점에 관해서는 나중에 더 자세히 다루려 한다.) 바리새인들은 성경을 높이고 따랐지만, 그 말씀에 지배적인 권위를 부여하지는 않았다. 그들의 삶을 실제로 다스린 것은 그들 자신의 전통과 성경 해석이었다.

이것은 바리새인들만의 문제가 아니었다. 잉글랜드의

복음주의 바리새인

종교개혁자 휴 레티머는 인간의 전통들로 하나님의 말씀을 덮어 버리는 것이 교회사 전체에 걸친 사탄의 큰 목표라고 언급했다. 그는 마귀를 잉글랜드 전역에서 가장 부지런한 설교자로 묘사하면서 이렇게 서술했다. "그의 직무는 참된 신앙을 훼방하고 미신을 보존하며 우상 숭배를 부추기는 것이다.……마귀가 역사하는 곳에서는 진리를 전하는 서적들이 사라지고 미신적인 예식의 촛불들이 나타난다.……인간의 전통과 계율들이 힘을 얻고, 하나님께 속한 전통과 거룩한 그분의 말씀은 쇠약해진다."[12]

때로는 인간의 견해들이 성경을 압도하는 모습이 명백히 드러난다. 어떤 설교자가 성경을 그저 자기 견해나 문화적인 관찰을 늘어놓기 위한 일종의 출발점으로 여기거나 그의 권위가 자신의 지혜 혹은 사적인 '계시'에만 의존할 때, 설교 방향이 회중들의 '아멘' 소리에 따라 좌우되는 것처럼 보일 때 그렇다. 이때 우리는 성경이 어떤 인간적인 목표에 이용될 뿐, 그 자체로 결정적인 권위를 갖지는 못한다는 느낌을 받는다.

그런데 이런 문제는 겉으로 드러나지 않을 때가 더 많다. 전통의 진정한 힘은 문화를 창조하는 능력에 있으며, 다른 문화권의 유별난 점들은 우리 눈앞에 명백히 보이지만 우

바리새인들과 계시

리 자신의 문화는 일종의 상식처럼 다가오기 때문이다. 그렇기에 '문화'는 다른 사람들에게만 있는 것처럼 여겨진다. **우리의** 전통과 신념들은 우리가 매일 호흡하는 공기의 일부와도 같으며, 우리는 너무도 익숙한 그것들을 당연한 진리로 받아들인다. 이 과정에서 우리의 문화는 일종의 신학적 중요성을 띠게 된다. 그리고 다른 이들은 곧바로 의심의 대상이 되는 것이다.

여기서 우리 복음주의자들은 은근한 자기 만족감에 빠져 스스로를 결백하게 여기기 쉽다. 결국 우리는 자신이 '성경만을 따르는 그리스도인'임을 고백하는 이들이기 때문이다. 우리는 마음속으로 이렇게 생각한다. '물론 다른 이들은 이 지점에서 걸려 넘어질 거야. 하지만 우리 복음주의자들의 머릿속에는 성경 바깥의 전통들을 의심하는 정신이 깊이 자리 잡고 있지. 이렇게 전통을 경계하는 태도야말로 우리 복음주의자들의 특징 아니겠어?' 많은 이들은 오직 '성경적인' 메시지를 원한다는 이유로 신학을 불신한다. 하지만 복음주의자들의 (비복음적인) '신조 대신에 성경만 따른다'는 성경주의 자체가 하나의 전통이 되고 만다.[13] 이때 우리는 본문의 '평이하고 자연스러운' 해석을 추구하면서, 신학자나 주석가들의 '타락한' 목소리를 일부러 멀리한다. 하지만 그 과정에

복음주의 바리새인

서 정작 자신의 성경 해석이 왜곡되어 있음을 깨닫지 못하는 것이다. 이런 상태에서, 우리의 타락하고 신학적으로 미숙하며 문화적으로 치우친 해석이 모든 권위를 얻게 된다. 그리하여 오랜 세월에 걸쳐 교회 안에 존재해 온 수많은 증인들의 음성에 귀를 막은 채로, 어떤 목회자의 기이한 해석이 아무도 범접할 수 없는 위치에 오른다. 그가 '성령의 기름 부음'을 받은 이로 보이기에 그 권위가 더욱 강력해지며, 회중들은 점점 더 '본문에 근거한' 그의 견해들에 얽매이게 된다. 성경주의의 영향 아래, 성경이 아닌 해석자가 왕으로 군림하게 되는 것이다.

교회의 역사 속에는 성경에 대한 헌신을 과시하면서도 정작 자신들의 어법 속에 비성경적인 사상이 숨겨져 있음을 깨닫지 못했던 이단자들이 수두룩하다. 그 예로 4세기의 아리우스주의자들과 16, 17세기의 소키누스주의자들을 들 수 있다. 그들의 글 속에는 온갖 성경 구절이 인용되어 있으며, 이는 그들의 논의가 성경의 입장을 충실히 반영하는 듯한 인상을 준다. 하지만 잘 살펴보면, 성경을 이용해서 자신들이 '타당하게' 여기는 결론을 옹호하려 했을 뿐이라는 점이 드러난다. 소키누스주의자들은 성경 주해의 원리로서 "올바른 이성에 어긋나거나 모순되는 모든 해석"을 배척할 것을 권

바리새인들과 계시

고했다.[14] 이 원리에 따르면 한 분이신 하나님은 세 위격으로 계실 수 없다. 그들은 성경 대신 '올바른 이성'을 따라 삼위일체 하나님에 대한 믿음을 거부했다. 비록 그들은 성경을 가지고 자신들의 주장을 펼쳤지만, 그 결론은 성경이 아닌 그들의 '이성'에서 나온 것이었다.

복음주의자들 역시 자신의 합리주의나 경험주의, 실용주의를 성경적인 어법 아래 감춰 둘 수 있다. 그러고는 자신들이 참된 성경의 길을 걷는 듯이 스스로를 속이는 것이다. 하지만 그들이 실제로 중시하는 것은 자신의 감정이나 양육 배경, 혹은 '타당하게' 여기는 일들이다. 이때 성경은 그저 그들이 다른 이유로 받아들인 신념들의 옳음을 확증하기 위한 도구일 뿐이다.

공동체의 폐쇄성을 강화하는 전통

그 정의상 바리새인들은 주위 사람들과 달랐다. 그들의 이름 자체가 '분리된 자들'을 뜻하는 단어에서 유래한 것으로 보인다. 그들은 하나의 '분파' 혹은 '종파'로서(행 15:5; 26:5), 자신들만의 전통과 유산에 대한 자부심이 강했다. 그들은 아브라함을 자신들의 조상으로 여겼으며(요 8:33, 39,

46

복음주의 바리새인

53), 전통의 장벽에 의지해서 자신들의 정체성을 보존하고 드러냈다. 그들을 다른 이들과 격리시킨 것은 바로 이 전통이었으며, 이를 통해 그들은 하나의 분파가 되었다.

인간의 전통이나 다른 무언가를 하나님의 말씀과 대등하게 여길 때, 반드시 폐쇄적인 공동체가 형성된다. 복음 외의 어떤 것을 정체성의 표지로 삼는 순간, 우리는 복음 안에서의 연합을 상실하게 된다. 이같이 인간의 전통을 높일 때, 주님의 십자가 아래서 허물어졌던 공동체들 사이의 옛 장벽이 재건되기 때문이다(엡 2:14-16). 그리하여 복음적인 연합과 일치가 사라지고 여러 고립되고 정형화된 공동체들이 생겨난다. 이때 각 집단은 자신들만의 속어와 사투리, 은어와 유행어들을 발전시킨다. 그 구성원들은 '내부의' 말투와 복장 규정을 익히며, 자신들이 속한 분파의 지도자들을 흉내내는 방식으로 말하고 행동하게 된다. 이들은 마치 C. S. 루이스가 언급했던 어떤 시골 청년처럼 변해 가는 것이다. 루이스는 그 모습을 이렇게 묘사한다. "그는 (태어나서 겪어 본 유일한 장소인) 자기 마을이 우주의 중심이며, 이곳 사람들만이 모든 일을 옳게 행한다는 무지하고도 뻔뻔한 확신에 가득 차 있다."[15] 순전히 무지한 탓에, 그의 눈에 다른 마을의 주민들은 점점 더 이질적이고 그릇된 존재로 보인다. 만나보지 못

바리새인들과 계시

했으며 그들의 관점을 제대로 이해해 보지도 않았기에, 그들이 마치 악마처럼 여겨지는 것이다.

이때 각 공동체는 복음을 인간적인 전통과 혼합시키고 있음을 미처 깨닫지 못한 채, 자신들의 아집을 조금씩 더 굳혀 나간다. 그들의 메시지는 같은 문화에 속한 이들에게만 호소력을 갖기에, 다른 대륙뿐 아니라 그 도시의 다른 주민들과도 제대로 소통할 수 없게 된다. 그리고 이런 문제는 계속 확대된다. 획일적인 생각과 문화가 편하고 익숙하게 다가올수록, 성경은 점점 뒷전으로 물러난다. 그러고는 각자의 관습과 개성, 변덕스러운 판단이 그 공동체들을 지배하게 되는 것이다. 이제 성경은 최상의 권위를 갖지 않으며, 그들의 삶에 새로운 도전과 자극을 주지도 못한다. 그저 그들 자신의 문화가 옳다는 증거로 활용될 뿐이다. 이런 모습이 심화될 때, 더 많은 인간 지도자들이 자신의 세력을 형성하고 통제하며 다른 이들은 그들의 인정을 받으려고 애쓰게 될 것이다.

이 폐쇄적인 공동체는 그 구성원들의 시각을 기이하게 왜곡시킨다. 이때 그들은 문화적으로 사소한 문제들에 집착하는 한편, 중대한 신학적 사안들은 간과하곤 한다. 이런 풍조의 영향 아래, 평범한 지도자들이 마치 위대한 역량과 중요성을 지닌 듯이 부각된다. 그 자체로는 별것 아닌 이들이

복음주의 바리새인

지만, 그 공동체 안에서만큼은 전설적인 존재로 높임 받는 것이다. 그들은 공동체 안에서 과도한 영향력을 행사하며, 그들의 모든 견해가 절대적인 권위를 지닌 듯이 부풀려지기 쉽다. 추종자들이 그들을 하나님 대하듯이 (심지어는 하나님보다 더) 두려워할 때, 그들은 그리스도의 권위까지 잠식할 수 있다. 이 경우, 공동체 내의 불안정성이 더욱 심화된다. 그 공동체의 성격이 그리스도 대신에 인간적인 지도자들이나 문화에 의해 규정될 때, 자신들만의 정체성을 간직하기 위한 경계의 표지가 절실히 요구되기 때문이다. 그들은 자신들만의 요새를 견고히 구축하고, 그릇된 존재로 **여겨져야만 하는** 다른 집단들과 필연적으로 대립하게 된다.

소망과 영광

존 버니언의 『천로역정』 끝부분에서, 크리스천은 천상의 도성 아래를 내려다보다가 '무지'라는 사람이 성문으로 다가오는 것을 보았다.

['무지'는] 그 문이 금세 열릴 것을 기대하면서 성문을 두드리기 시작했다. 그때 성문 위의 경비병들이 이렇게 물었다.

49

바리새인들과 계시

"그대는 어디서 왔으며, 무엇을 얻으려 하는 사람이오?" 그는 이렇게 대답했다. "저는 이곳의 임금님 앞에서 먹고 마셨으며, 그분은 우리의 길거리에서 가르치셨습니다." 그러자 경비병들이 왕 앞에 보여드릴 그의 자격 증서를 요구했다. 그는 자신의 가슴팍을 더듬거리며 뒤졌지만, 끝내 아무것도 찾지 못했다.[16]

이에 두 천사는 "나가서 '무지'를 데려다가 그 손과 발을 결박하고 바깥에 내어 던지라"는 명령을 받는다.[17] 여기서 크리스천은 이 책의 마지막 교훈을 깨달았다. "그때 나는 천국 문 앞에서도 지옥으로 떨어지는 길이 있음을 보았다."[18] 이는 스스로를 '성경을 사랑하는 그리스도인'으로 여기는 모든 이들을 향한 엄숙한 경고다. 성경은 마치 천국의 문과 같아서, 우리 앞에 늘 하나님의 영광을 제시해 준다. 하지만 우리는 매일 그 본문을 살피면서도, 여전히 공허한 마음 상태에 머물 수 있다.

여기서 우리는 다음의 두 질문을 던져 볼 필요가 있다. 첫째, 우리의 소망은 어디에 있는가? 예수님 당시의 바리새인들이 어디에 소망을 두었는지는 분명하다. 요한복음 5장에서, 예수님은 성경을 연구하던 그들(39절)을 향해 이렇게

복음주의 바리새인

말씀하셨다.

> 너희가 서로 영광을 취하고 유일하신 하나님께로부터 오
> 는 영광은 구하지 아니하니 어찌 나를 믿을 수 있느냐. 내
> 가 너희를 아버지께 고발할까 생각하지 말라. 너희를 고발
> 하는 이가 있으니 곧 너희가 바라는 자 모세니라. 모세를
> 믿었더라면 또 나를 믿었으리니 이는 그가 내게 대하여 기
> 록하였음이라. 그러나 그의 글도 믿지 아니하거든 어찌 내
> 말을 믿겠느냐(44-47절).

바리새인들은 자신들의 소망을 모세에게 두었지만(45
절), 그의 말을 실제로 믿지는 않았다. 만약 그랬다면, 그들은
모세의 기록 대상이신 예수님 역시 믿고 따랐을 것이기 때문
이다. 하지만 그들은 스스로를 모세의 제자로 여기며 자랑했
다(9:28). 그들은 율법에서 그것을 지킬 수 없는 우리의 무능
력을 끊임없이 가르친다는 것을 깨닫지 못했으며, 율법이 우
리에게 그 너머에 계신 분을 가리켜 보인다는 점도 무시했
다. 그래서 그들은 성경과 율법 자체에 소망을 두었으며, 그
말씀을 읽고 지키는 스스로의 능력을 신뢰했다. 성경의 모든
교훈과 달리, 그들은 궁극적으로 자기 자신에게 소망을 두었

바리새인들과 계시

던 것이다.

이처럼 성경 연구에 매달린 바리새인들이 성경의 원래 의도와는 정반대로 추론한 일이 상당히 우스꽝스럽게 보일 수 있다. 하지만 우리 복음주의자들이 자신의 정통성이나 경건, 성경 지식에 소망을 두는 모습이 과연 그들보다 낫다고 할 수 있을까? 성경의 인도를 따라 모든 소망을 예수님께 두지 않는 한, 우리도 그들처럼 위선자로 남게 될 것이다. 성경은 오직 주 예수님에 관해 증거하고 있다.

예수님 말씀 앞에서 우리가 직면하는 두 번째 질문은 이것이다. '우리의 영광은 어디에 있는가?' 다시 말해 우리는 성경에서 하나님의 영광과 우리 자신의 영광 중에 무엇을 더 찾고 구하는가? 예수님은 이렇게 지적하셨다. "너희가 서로 영광을 취하고 유일하신 하나님께로부터 오는 영광은 구하지 아니하니 어찌 나를 믿을 수 있느냐"(5:44). 우리에게 '천국'은 곧 다른 사람들의 인정과 높임을 받는 상태를, '지옥'은 외면당하는 상태를 가리킬 때가 많다. 그래서 우리는 늘 자신의 지식을 과시하면서, '내가 옳다'는 느낌을 고수하기 위해 성경 연구에 매달린다. 하지만 이런 일들은 전혀 **성경적이지** 않다. 우리가 진실한 성경의 백성으로 살려면, 그저 **성경을 쳐다보는 데** 그쳐서는 안 된다. 그 거룩한 계시의 빛을 따

복음주의 바리새인

라, 그리스도의 얼굴 안에 있는 하나님의 영광을 바라보아야 한다. 그것이 바로 성경을 존중하고 높이는 길이다. 그때 비로소 우리는 폐쇄적인 공동체성을 극복하고 참된 연합과 일치를 이룰 수 있다. 이 연합과 일치는 우리의 인간적인 전통 속에 존재하는 것이 아니라, 다 함께 모여 주님께 겸손히 경배하는 가운데서 드러난다.

바리새인들과 계시

바리새인
들과
구속

3

바리새인들은 성경의 진리를 드러내기보다 자신들의 입맛대로 본문을 다루는 데 마음을 쏟았으며, 그 내용을 인간적인 전통 아래 은폐했다. 이는 그들 스스로의 힘에 의존하는 삶의 자세를 고수하기 위함이었다. 그들은 어떻게 율법에서 자신의 마음 상태를 진단하는지 전혀 몰랐기 때문에, 진정한 구속의 필요성을 깨닫지 못했다. 결국 구속은 스스로를 구원할 수 없는 이들을 위한 것이기 때문이다. 오히려 그들은 자기 능력으로 좋은 삶의 기반을 마련할 수 있다고 믿었으며, 신앙을 일종의 자기 계발로 간주했다. 이런 그들에게 예수님은 "자기를 의롭다고 믿고 다른 사람을 멸시하는 자들"에 관한 다음의 비유를 들려주셨다(눅 18:9).

두 사람이 기도하러 성전에 올라가니 하나는 바리새인이요 하나는 세리라. 바리새인은 서서 따로 기도하여 이르되 하나님이여, 나는 다른 사람들 곧 토색, 불의, 간음을 하는 자들과 같지 아니하고 이 세리와도 같지 아니함을 감사하나이다. 나는 이레에 두 번씩 금식하고 또 소득의 십일조를 드리나이다 하고 세리는 멀리 서서 감히 눈을 들어 하늘을 쳐다보지도 못하고 다만 가슴을 치며 이르되 하나님이여, 불쌍히 여기소서. 나는 죄인이로소이다 하였느니라. 내가

바리새인들과 구속

너희에게 이르노니 이에 저 바리새인이 아니고 이 사람이 의롭다 하심을 받고 그의 집으로 내려갔느니라. 무릇 자기를 높이는 자는 낮아지고 자기를 낮추는 자는 높아지리라 하시니라(18:9-14).

바리새인과 세리

이 바리새인과 세리의 비유는 우리 앞에 두 종류의 의를 보여준다. 사람들의 인정과 관심을 받으려고 행하는 거짓 의와, 세상이 알아주지 않는 참된 의가 그것이다. 여기서 우리는 번듯한 성도를 정죄하고 하찮은 죄인을 높이시는 예수님의 기이한 판결을 듣게 된다.

사실 우리의 문제는 이 비유가 너무 친숙하다는 데 있다. 우리는 그 이야기의 내용과 요점을 알며, 그 바리새인을 만화에 나올 법한 지독한 악당으로 여긴다. 따라서 그와 같이 행하려는 유혹에 빠질 가능성은 매우 희박해 보인다. 하지만 우리는 당시에 그가 얼마나 존경할 만한 인물이었는지를 잊고 있다. 그 바리새인의 모습을 오늘날의 현실에 대입해 보면, 그는 마치 교회의 모범적인 장로로서 경건의 표상과도 같은 이였을 것이다. 이 비유에서 그가 맨 처음에 고백

복음주의 바리새인

한 말은 "하나님이여……감사하나이다"였다(눅 18:11). 이는 그가 유일하신 하나님께 예배하며, (이 감사의 말에서 드러나듯) 그분의 은혜를 믿는 이였음을 보여준다. 그는 성전 앞에 서서 기도하면서, 자신이 안식일을 준수하는 이임을 드러냈다. 그는 하나님의 가장 큰 계명들(십계명의 제1-4계명—옮긴이)을 지키며 그분만을 경배하는 이였다. 이어서 그는 율법의 둘째 돌판을 논하면서, 자신이 다른 계명들도 어긴 적이 없음을 밝혔다. 그는 도둑질이나 간음을 저지르지 않았으며, 아무에게도 허물을 범한 일이 없는 이였다. 만약 이런 사람들만 있다면 세상이 더 멋진 곳이 되지 않겠는가? 루터가 말했듯이, 우리는 그 바리새인이 "실로 아름답고 자랑할 만한 성도"였음을 인정해야 한다.[1]

다만 우리는 자신이 탁월하다고 너무 쉽게 착각한다. 그 바리새인은 확실히 그랬다. 그는 온갖 일에 세세히 관심을 두면서도, 정작 자신의 마음만은 들여다보지 못했다.[2] 그는 하나님의 판단이 얼마나 심오한지를 미처 헤아리지 못했는데, 이는 우리의 깊은 속마음까지 꿰뚫어 보시는 그분의 말씀에 대해 무지했기 때문이다(히 4:12). 그는 "서기관과 바리새인들의 것을 능가하는" 의(마 5:20, ESV)를 알지 못한 채, 그 일을 그저 외적인 행실의 문제로만 생각했다. 그는 형제의

바리새인들과 구속

눈 속에 있는 외적인 티를 보고 정죄했으나, 정작 자신의 영혼이 썩어 있음을 깨닫지 못했다.

이 바리새인은 올곧고 경건한 자처럼 보였다. 그러나 실상은 자신이 내세웠던 그 율법을 심각하게 위반하고 있었다. 물론 그가 어떤 의미에서 하나님의 은혜를 믿었던 것은 사실이다. 하지만 그는 하나님이 **자신의 경건한 행실 때문에** 은혜를 베푸신다고 여겼다. 결국 그는 스스로를 신뢰하며 자신의 행위와 은사들에 의지하고 있었던 것이다. 그는 자기 능력과 성과에 도취된 채, 세상 앞에서 한 마리의 화려한 공작새처럼 스스로를 과시하며 자기 자신을 경배하고 있었다. 이것은 가증한 우상 숭배로서, 율법의 첫째 계명("너는 나 외에는 다른 신들을 네게 두지 말라"—옮긴이)을 정면으로 거스르는 일이었다. 이 일에 견줄 때, 바리새인 자신과 세상 사람들이 정죄했던 온갖 외적인 죄들은 오히려 가벼운 것이 된다. 그는 자신의 영광을 구하는 자로서, 하나님을 경외하지도, 사랑하고 신뢰하지도 않았다. 그는 하나님 앞에서 자신이 의롭다고 믿었기에 용서와 구속의 필요성을 깨닫지 못했으며, 이 일들을 굳이 간구하지 않았다. 달리 말해 그는 한 사람의 불신자이자 신성모독자로서 스스로를 선하고 거룩하게 여기면서 하나님의 선하심과 은혜를 부정했다. 그는 하나님과 자신에 관

복음주의 바리새인

해 그릇된 견해를 품었으며, 거짓 기도로 주님의 이름을 찾고 부르면서 실제로는 자기 자신을 숭배했다.

바리새인은 이웃인 세리를 대할 때도, 율법의 두 번째 돌판을 거스르는 죄를 범했다. 그는 그 가련한 죄인을 보면서 아무 긍휼과 연민의 마음을 품지 않았으며, 세리를 어떻게 하나님의 정죄에서 건져내어 바른길로 인도할지 고민해 보지 않았다. 그는 그저 세리를 경멸하고 무시했으며, 자신의 경건을 드러내고 자랑하기 위한 일종의 발판으로 삼았다. 그래서 "나는 다른 사람들……과 같지 아니하고 이 세리와도 같지 아니함"을 감사했던 것이다(눅 18:11). 그는 스스로도 하나님의 율법을 어겼으며, 다른 이들이 그 율법을 준수하는 것도 바라지 않았다. 오히려 세리의 죄를 기쁘게 여겼으니, 이를 통해 하나님과 세상 앞에서 자신의 존귀함이 더욱 부각되었기 때문이다. 그는 자기 이웃을 사랑하기는커녕, 마귀적인 증오심을 품고 다른 이의 비참함을 즐거워했다. 아마 할수만 있다면 그 세리를 지옥에 보내고 싶었을 것이다. 그는 자신의 지독한 악의를 경건과 도덕의 외피로 아름답게 포장했지만, 그로 인해 더 심한 위선에 빠졌다. 그는 아담처럼 하나님 앞에 죄를 짓는 동시에, 가인처럼 자기 형제에게 죄를 범했다.

바리새인들과 구속

이 경건한 바리새인은 자기 의존의 화신 같은 존재였다. 그는 실로 부지런하고 철저한 종교인으로서, 인간 자신의 힘으로 할 수 있는 일이 무엇인지를 보여주는 최상의 사례였다. 그는 다른 이들보다 거룩하고 더 나은 인물로 인정받기를 원하는 이들, 구속의 필요를 거부하고 제자도의 목표는 스스로 더 탁월한 존재가 되는 데 있다고 여기는 이들을 위한 하나의 모범과도 같았다. 하지만 이 바리새인에 관해, 루터는 이렇게 언급했다.

사실 이 탁월한 성자의 마음속에는 추악하고 수치스러운 마귀가 들어 있었습니다. 그는 그저 사람들 앞에서 행하는 몇 가지 행실로 그 속마음을 감추곤 했습니다. 그는 자신의 예배와 감사 기도를 통해, 지극히 높고 엄위하신 하나님을 모독하며 모욕했습니다. 이는 대중 앞에서 이웃을 향한 분노와 적개심을 그대로 드러냈기 때문입니다. 그는 이처럼 하나님 앞에서 수치스러운 악덕들을 노출하면서도, 자신이 모범적인 성도라도 되는 듯이 여겼습니다. 하나님이 그에게 천국을 허락하실 뿐 아니라 다른 요구들도 다 들어주셔야만 하는 것처럼 행했던 것입니다.[3]

복음주의 바리새인

이에 반해 세리는 그 바리새인이 보지 못했던 사실을 분명히 깨달았다. 그는 자기 안의 어둠을 발견하고, 자신의 행실이 하나님을 노엽게 하고 있음을 느꼈다. 그는 자신의 허물을 변명하거나 정상 참작을 요구할 수 없으며, 어떤 상급을 바라기는 더욱 불가능함을 알았다. 그는 자기 행실을 위안으로 삼거나 그 행실에 근거해서 천국의 소망을 품을 수가 없었다. 자신이 무가치한 죄인임을 알았기에, 하나님의 값없는 자비를 간구했을 뿐이다.

그런데 세리는 이처럼 자신의 참모습을 깨달았을 뿐 아니라, 하나님 말씀 가운데서 바리새인은 보지 못했던 진리를 헤아렸다. 그 바리새인은 하나님의 계명들만을 (그것도 피상적인 방식으로) 기억했지만, 세리는 그 속에서 하나님의 약속들을 보았던 것이다. 다음의 진리를 깨닫지 못했다면, 그가 어떻게 하나님의 자비를 간구할 수 있었겠는가? "자비롭고 은혜롭고 노하기를 더디하고 인자와 진실이 많은 하나님이라. 인자를 천대까지 베풀며 악과 과실과 죄를 용서하리라"(출 34:6-7).

우리는 이 세리에게서 기이하고 놀라운 모습을 보게 된다. 그는 하나님의 은혜를 통해 자신이 죄인임을 알고, 오직 그 은혜에만 매달리는 사람이다! 이제 그는 하나님이 자비를

61

바리새인들과 구속

베푸실 것을 확신하면서 그분께 영광과 찬양을 돌린다. 하나님의 용서를 간구하는 그는 이제 죄 가운데 거하기를 원치 않는 사람이 되었다. 그리하여 세리는 바리새인과 달리 율법의 정신을 온전히 성취하게 된다. 이는 자비로운 구주이신 하나님께 진정으로 예배하고, 그분 안에 거하면서 참된 안식일을 지키기 때문이다. 이제 그는 주님의 길로 걸어간다.

우리는 바리새인의 행실을 쉽게 모방할 수 있지만, 세리를 본받기는 그리 간단하지 않다. 중요한 것은 단지 그가 사용한 언어의 문제가 아니기 때문이다. 하나님은 그저 고개를 숙이고 그 세리의 말을 그대로 따라 하는 이들에게 자비를 베푸시는 것이 아니다. "저 바리새인이 아니고 이 사람이 의롭다 하심을 받고 그의 집으로 내려[간]" 이유는 그가 진심으로 자신을 낮추었기 때문이다(눅 18:14). 그 겸손 자체가 그를 구원했다는 뜻이 아니다. 다만 그는 하나님의 인자한 손길 아래서 죄인인 자신의 참모습을 깨닫고, 간절히 그분의 자비를 구했다. 이 세리에게서 우리는 **진정한** 회개를 보게 된다.

복음주의자들이 입술로 복음과 하나님의 은혜를 찬양하며 자신이 죄인임을 고백하는 것만으로는 바리새인의 죄를 충분히 다 피할 수 없다. 참된 회개 없이 이 모든 일에 외적으로 동의하면서, 실상은 그 바리새인처럼 다른 이들보다 더 거

복음주의 바리새인

록하고 나은 이로 여겨지기를 갈망할 수 있기 때문이다. 이 점은 자기 죄와 허물에 대한 누군가의 지적 앞에서 우리가 발끈할 때마다 뚜렷이 드러난다. 우리는 하나님이 죄인들에게 자비를 베푸신다는 생각으로 자신을 위로하는 한편, 다른 이들의 죄를 나무라는 일에는 하나님 말씀의 여러 규례를 열심히 적용한다. 그러나 어떤 이가 우리의 불완전함을 언급할 때는 금세 불쾌감을 드러내는 것이다. 그러면 우리는 어떻게 그 세리를 닮아 갈 수 있을까? 루터는 이렇게 조언한다.

거짓 죄인이 아닌 진정한 죄인이 되십시오. 자기가 정말 하나님의 영원한 진노와 형벌을 받아 마땅한 존재임을 시인하기 바랍니다. 그분 앞에 나아가서 진심으로 이렇게 고백하십시오. "저는 비참한 죄인입니다." 그리고 다음과 같이 간구해야 합니다. "제게 자비를 베푸소서."**4**

위선의 병폐

세리는 의롭다 하심을 받고 집으로 돌아갔다. 이는 어떤 자격이나 공로 때문이 아니라, 오직 하나님의 자비 덕분이었다. 이처럼 죄인들이 오직 은혜로 의롭게 된다는 것이 복음

바리새인들과 구속

의 핵심이다. 그리스도께서 실로 온전한 구주이시기 때문에 우리가 그분의 사역에 무언가를 더할 필요가 없다. 그런데 이것이 복된 소식이긴 하지만, 우리는 세리의 모습을 보면서 이것이 타락한 인간들이 쉽게 소화할 만한 진리가 아님을 느끼게 된다. 본문에서 추한 죄인을 의롭다고 선포하면서 동시에 헌신적인 종교인의 삶을 정죄하시는 예수님의 말씀은 우리의 교만한 자존심에 흠집을 내기 때문이다. 어떤 이들은 이 진리를 불쾌하거나 터무니없는 것으로 여기고 정면으로 공격하는 편을 택한다. 그리고 다른 이들은 입술로 그 진리를 고백하지만, 단지 그 수준에 머물 뿐이다. 이 비유에 담긴 예수님의 가르침은 자기 힘과 자격에 의존하는 우리 마음의 태도를 철저히 정죄하고 낮춘다. 따라서 우리는 이 은혜에 의한 칭의의 메시지를 그저 초신자나 외부인들을 위한 것으로 치부하기 쉽다. 칭의를 기독교의 삶을 위한 일종의 입장권 정도로 간주할 때, 다른 신자들은 그 교훈의 빛 아래서 자신을 실제로 낮추어야 하는 상황을 피해 갈 수 있다. 이제는 죄와 구속의 필요를 논하는 단계를 벗어나서, 자신의 거룩함과 능력, 지식으로 하나님 앞에 나아갈 수 있게 되었다고 여기는 편이 훨씬 더 편안하게 다가온다. 따라서 칭의가 복음주의의 핵심 진리이긴 하지만, 많은 복음주의자들이 그 진리

복음주의 바리새인

를 따라 살아가지 못하는 것도 놀라운 일이 아니다.

　그리스도인들이 자기 힘에 의존하는 바리새인의 사고 방식에 빠질 때 나타나는 몇 가지 징후가 있다. 자신을 복음의 사람으로 여기는 이들에게는 무척 익숙한 것들이다. 첫째, 그리스도를 진심으로 사랑하고 높이던 마음을 잃고 다른 것들이 그 자리를 대체하는 현상이다. 그 이유는 단순하다. 우리가 (그 세리처럼) 하나님의 자비를 온전히 신뢰하며 소망하지 않을 때, 다른 무언가를 바라보게 되기 때문이다. 이때 우리는 자신의 행위와 느낌, 능력이나 사역에 의지하곤 한다. 우리는 그 대상에 지나친 의미를 부여하며, 그리스도가 아닌 그것에 의존해서 자기 정체성과 존재 이유를 규정한다. 우리는 자신의 참모습을 숨긴 채, 세상에서 이 대체물을 하나의 가면처럼 착용한다. 이제는 그 대상을 통해 얻는 성공과 그에 대한 사람들의 칭찬이 무엇보다 더 중요해진다. 이를 통해 우리 자신의 영성과 성취를 드러낼 수 있기 때문이다. 우리는 이전의 경험이나 성경 지식과 열심, 심지어 자신의 '진정성'을 과시하면서도, 그리스도를 높이지는 않는다. 예수님은 바리새인들의 태도가 이러함을 지적하면서 이렇게 말씀하셨다. "그들의 모든 행위를 사람에게 보이고자 하나니 곧 그 경문 띠를 넓게 하며 옷술을 길게 하고 잔치의 윗

바리새인들과 구속

자리와 회당의 높은 자리와 시장에서 문안 받는 것과 사람에게 랍비라 칭함을 받는 것을 좋아하느니라"(마 23:5-7).

이 자기 신뢰는 죄에 대한 슬픔과 하나님을 향한 기쁨이란 찾아보기 어려운 분위기를 조성한다. 비유 속의 바리새인은 깊은 자만심에 빠져 있었기에 자기 마음의 실상을 깨닫지 못했으며, 자신의 죄로 인해 번민하지도 않았다. 그는 의의 가면을 뒤집어쓴 채 참된 자기 지식을 모두 잃어버린 상태였다. 이 근시안적인 자신감이 우리 속에 자리 잡을 때, '잘못을 범한 것은 내가 아니다'라고 여기는 책임 회피의 문화가 생겨난다. 곧 우리 자신의 겉모습에 심취한 나머지, 자신이 범한 실수들을 아예 인정하지 않게 되는 것이다. 이 방어적인 태도는 은연중에 우리 마음속 깊은 곳의 어리석음을 드러내 준다. 그것은 곧 자신의 죄인 됨에 대한 참된 지식을 잃어버렸다는 사실이다. 이에 따라 죄인들을 위한 메시지인 복음에 대한 이해도 상실하기 마련이다. 이런 문화 가운데서, 우리는 거짓된 뉘우침을 가식적인 위장의 필수 부분으로 여길 것이다. 하지만 그것은 참되고 진심 어린 회개를 억지로 흉내낸 것일 뿐이다. 그리고 우리는 거짓 즐거움을 경험한다. 그리스도께서 죄인들에게 베푸시는 은혜의 위대함을 깨닫지 못한 이들에게는 진정한 기쁨이 임할 수 없다. 그 자리에는

66

복음주의 바리새인

오직 얄팍하고 인위적인 미소와 웃음만이 남는다. 우리가 구속의 은혜를 진지하게 받아들일 때 솟아나는 깊고 경이로운 행복감 대신, 영적인 일들을 가볍고 경솔하게 취급하는 성향이 자리 잡는 것이다. 물론 이 둘을 구별하는 일이 늘 쉽지는 않다. 하지만 그리스도 안에서 주어지는 참된 기쁨은 우리로 그 원천이신 하나님을 바라보게 하는 데 반해, 세상의 거짓 즐거움은 우리 자신의 재치나 매력을 뽐내게 만든다.

자기 의존은 또한 불만과 불안의 비옥한 토양이다. 물론 누가복음 18장의 바리새인을 생각할 때, 이 단어들이 곧바로 떠오르지는 않는다. 하지만 어떤 이의 교만한 자부심 속에는 깊은 열등감과 자기혐오가 숨겨져 있을 때가 많다. 결국 사람이 가면을 쓰는 데는 다 이유가 있다. 간단히 말해서 우리가 (하나님이나 사람 앞에서) 의롭다고 인정받는 일이 자신의 행위에 달려 있다면, 자기가 충분히 잘 행했는지를 늘 염려하게 된다. 우리가 성공에 도취되어 스스로를 뽐내는 시기 가운데는 불안한 의심의 순간들이 자주 끼어들며, 때로 그 의심은 우리를 무너뜨리기도 한다. 이같이 인간 스스로의 힘에 의존하는 기독교를 추구할 때, 우리는 일 중독자처럼 끊임없이 애쓰지만 참된 만족을 누리지 못하게 된다.

이 비유 속의 바리새인은 매우 자신감이 넘쳐 보인다.

바리새인들과 구속

그런데 놀랍게도, 실제 복음서의 바리새인들은 온갖 허세를 부리면서도 매우 소심한 모습을 드러내곤 한다. 그들은 대개 "은밀히" 행하거나(마 26:4, ESV), 어두운 밤에 움직인다. 이는 니고데모가 "밤에 예수께 [왔을]" 때(요 3:2)나, 그들이 예수님을 붙잡으러 왔을 때 보인 모습이다. 예수님이 사람들 앞에서 바리새인들의 허물을 지적하셨을 때, 그들은 침묵을 지키거나(막 3:4), 불평하고 수군거리며 음모를 꾸몄다(눅 5:30; 15:2; 19:7; 요 6:41, 43). 그들의 문화는 이처럼 은밀히 속삭이며 험담을 주고받는 성격을 띠었다. 이런 그들의 모습을 너무 의아히 여길 필요는 없다. 어떤 이의 자기 정체성이 자신의 행위에 근거할 때, 그는 다른 이들의 평가에 지나치게 의존하며 집착하게 되기 때문이다. 이때 그는 무정하고 강퍅한 마음을 품었으면서도 다른 이들의 시선을 깊이 의식한다. 바리새인들같이 다른 이들의 인정에서 스스로의 가치를 찾는 이들은 자연히 주위 사람들에게 아첨하게 된다. 그들은 자기 생각을 솔직히 말하는 데 심한 어려움을 겪는다. 자신의 힘에 의존하는 이들은 때로 어떤 일을 저돌적으로 추진하기도 한다. 하지만 더 많은 경우, 그들은 겁쟁이처럼 자기방어에 몰두하며 영적인 무기력증에 시달린다. 이런 자들이 어떻게 다음과 같은 월리엄 캐리의 말을 마음에 품을 수 있겠는가?

복음주의 바리새인

"하나님이 행하실 큰일을 기대하고, 그분을 위해 큰일을 시도하십시오."[5] 이들은 자기 힘에 의존하기에 하나님의 위대하심을 깨닫지 못한다. 그러니 어떻게 그분의 일들을 기대할 수 있겠는가? 그들은 결국 소심하고 자신감이 없으며 기도하지 않는 이들이 되고 만다.

불안한 마음으로 자기 힘에 의존하는 이들은 종종 주변에도 두려움의 문화를 조성한다. 복음서에서는 사람들이 "유대인들을 두려워하여" 숨거나 흩어지는 모습이 계속 언급되는데(요 7:13; 19:38; 20:19), 이는 바리새인들에게도 그런 경향이 있었음을 보여준다. 이들은 구속의 필요성을 거의 느끼지 못하기에, 기독교를 그저 개인과 사회의 개선을 지향하는 하나의 생활 방식으로 여기곤 한다. 그들이 원하는 것은 하나님의 자비가 아니라 삶의 변화를 일으킬 능력이다. 그들 자신의 마음이 얼마나 죄악 된지를 미처 깨닫지 못하기에, 암묵적으로 자신이 주위 사람들에게 지혜롭게 영향력을 발휘할 수 있다고 믿는다. 그들은 자신이 구속을 절실히 필요로 하는 비참한 실패자임을 깊이 경험해 보지 못했거나, 혹은 그 경험을 망각해 버린 이들이다. 그들은 그리스도께서 죄인들을 위해 십자가에서 자신을 내어 주셨다는 진리를 제대로 숙고해 보지 않았기에, 다른 사람의 연약함을 잘 용납하지

69

바리새인들과 구속

못한다. 그들은 주위 사람들을 그 유용성에 근거해서 평가하며, 재능 있는 이들을 잠재적인 경쟁자로 여겨 두려움을 품는다. 이처럼 자기 힘에 의존하는 이들은 스스로 불안에 시달리는 데 그치지 않는다. 그들은 주위의 문화에도 해로운 영향을 끼친다.

이런 바리새인들에게 잃어버린 자와 죄인들을 위한 복음과 소망이 전혀 없었던 것은 놀랍지 않다. 상한 갈대를 꺾지 않으셨던 그리스도와 달리(마 12:20), 그들은 "무거운 짐을 묶어 사람의 어깨에 지우되 자기는 이것을 한 손가락으로도 움직이려 하지 아니하[려]" 했다(23:4). 이는 본질상 자기 힘에 의존하는 이들이 지닌 공통적인 성향이다. 그들은 하나님의 사랑과 자비를 알지 못하기에 연약한 이들을 대할 때 분노와 짜증을 느끼며, 종종 무정하고 가혹한 자세를 취한다. 또 자신들의 사회적 평판을 지키는 데 신경을 쏟으면서 다른 이들에게는 비난을 퍼붓고, 교만한 자부심에 차서 자신들의 복음 제시 방식을 복음 자체와 동일시한다. 그들의 전문 용어나 관습, 그들만의 문화를 복음의 메시지와 혼동하는 것이다. 그들은 무정하고 당파적인 태도를 품고, 다른 신자들의 삶에서 나타나는 사소한 차이점을 의심의 눈으로 지켜본다. 그러고는 마치 그 신자들이 다른 복음을 따르기라도 하는 듯

복음주의 바리새인

이 비판을 일삼는다.

자기 의존에 대한 해결책

우리는 자칫 이런 문제들을 사소한 잘못이나 결함으로 치부하고 넘어가기 쉽다. 자신을 대체로 정통적이며 고결한 복음주의자로 간주하기 때문이다. 물론 이 문제들은 공개적인 간음이나 살인의 죄가 아니다. 하지만 이 일들을 대수롭지 않게 여긴다면 우리는 자신의 악한 속마음을 숨기려고 경건한 척 위장하며 "다른 사람들 …… 과 같지 아니[함]"을 감사했던 바리새인의 논리를 그대로 따르는 셈이 된다(심지어 그는 자기 자신까지 속이려 했다). 누가복음 18장에 담긴 예수님의 말씀에 따르면, 그 바리새인의 교만은 선량한 이의 가벼운 실수가 아니었다. 그것은 깊은 불신앙의 증거였다. 그래서 바리새인은 의롭다 하심을 받고 집에 내려가지 못했다. 그는 회칠한 무덤과 같아서, 겉으로는 깨끗할지라도 속에는 죽음이 가득한 존재였다. 지금 복음주의자들 가운데서도 이런 자기 의존의 태도가 나타나는데, 이는 몹시 우려스러운 일이다. 그 모습 속에 담긴 것은 그저 사소한 질병이 아니다. 우리는 복음을 굳게 붙든다고 공언하지만, 이 일은 복

바리새인들과 구속

음에 대한 우리의 신뢰가 실로 미약함을 드러낸다. 이는 그저 도덕적인 문제에 그치지 않는다. 우리 자신의 힘에 의존하는 것은 곧 복음에 의존하기를 거부하는 태도다. 바리새인들은 "우리 아버지는 아브라함"이라고 주장하면서 스스로를 속였다(요 8:39). 그리고 종교개혁의 후예인 복음주의자들 역시, 실제로는 그 운동의 열매들을 망가뜨리면서도 자기기만에 빠져 '고귀한' 유산과 전통을 내세울 수 있다.

우리는 어떻게 해야 할까? 아마 최악의 선택지는 자신의 평판을 '관리하기' 위해 몇 가지 공허한 참회(penance)의 행위를 수행하는 일일 것이다(이것은 위선자들의 본능적인 해결책이기도 하다). 우리에게 정말 필요한 것은 훨씬 더 깊은 수준의 회개, 곧 참된 마음과 생각의 변화이다. 루터가 1517년에 95개조 논제를 작성할 때 이 참회와 회개의 차이점을 숙고했던 사실은 중요한 의미가 있다. 그 논제의 제1조에서, 그는 이렇게 언급한다. "우리의 주인이며 주님이신 예수 그리스도께서 '회개하라'고 선포하실 때(마 4:17), 그 말씀의 뜻은 신자들의 삶 전체가 회개하는 것이 되어야 한다는 데 있었다."[6] 당시에는 외적인 참회의 관행이 널리 퍼져 있었지만, 이는 교회의 진정한 문제를 은폐하는 것일 뿐이었다. 루터에 따르면 당시 교회가 처한 불행의 뿌리에는 진실하고 간절한 통회와 뉘우침의

복음주의 바리새인

실종이 있었다. 참된 성경의 회개가 가식적인 참회의 행위들로 대체되었던 것이다.

루터가 아직 명확히 헤아리지 못했던 점은 **어떻게** 그런 회개로 나아가게 되는가 하는 것이었다. 몇 년 뒤 그가 이 일에 관한 깨달음을 얻었을 때 비로소 본격적인 종교개혁이 시작되었다. 루터에 따르면 이 질문의 답은 누가복음 18장에 있는 바리새인과 세리의 비유 속에 담겨 있었다. 예수님은 "자기를 의롭다고 믿고 다른 사람들을 멸시하는 자들에게" 이 비유를 들려주셨다(9절). 주님은 자신의 힘에 의지하는 이들의 문제를 다루셨던 것이다. 그러면 그분의 관점에서 이런 병폐를 근절할 길은 어디에 있었을까? 우리는 그 비참한 죄인이 의롭다 하심을 받고 돌아간 이유를 살필 때 그 답을 얻게 된다. 세리가 하나님 앞에 용납된 것은 그 자신의 행실 덕분이 아니었다. 오직 주님을 신뢰하는 마음으로 이렇게 부르짖었기 때문이다. "하나님이여, 불쌍히 여기소서! 나는 죄인이로소이다"(13절).

다시 말해 이신칭의는 그저 우리가 구원 얻는 법을 다룬 교리에 그치지 않는다. 그것은 우리 자신의 힘에 의존하는 병폐의 해결책이기도 하다. 예수님의 관점에서 우리의 문제는 단순히 도덕적인 수준에 머물지 않았다. 그것은 본질상

73

바리새인들과 구속

신학적인 문제였다. 참된 회개는 복음을 듣는 데서 비롯된다. 그리스도께서 온전한 구주이심을 깨달을 때, 우리는 비로소 깊은 자만심을 내려놓게 된다. 복음의 진리들은 일종의 지적인 게임이 아니다. 그 진리들은 우리가 진실한 그리스도인의 삶을 살아가게 만드는 핵심 동력이다.

이 복음이 없을 때 우리는 본능적으로 (그 바리새인처럼) 죄는 우연한 행동일 뿐이라고 여긴다. 그리고 스스로를 개혁할 능력이 충분히 있다고 믿는 것이다. 이때 우리는 내 삶이 기본적으로 선하다는 믿음이나, (과거 혹은 현재의) 경험 또는 자신의 노력에 소망을 둔다. 그러다가 더 불안한 순간이 닥쳐올 때 우리는 무언가 의지할 거리를 찾기 위해 자신의 마음과 기억을 샅샅이 뒤지기도 한다. 하지만 주님의 십자가 아래서 죄의 실상이 그대로 드러날 때, 우리의 마음이 얼마나 부패하고 썩었는지를 깨닫고 깊은 두려움에 떨게 된다. 이사야는 높이 계신 주님의 영광을 뵙고서 이렇게 부르짖었다. "화로다, 나여. 망하게 되었도다. 나는 입술이 부정한 사람이요 나는 입술이 부정한 백성 중에 거주하면서 만군의 여호와이신 왕을 뵈었음이로다"(사 6:5). 그리고 하나님의 변함없는 사랑과 자비를 체험한 다윗은 이렇게 기도했다.

복음주의 바리새인

하나님이여, 주의 인자를 따라

　내게 은혜를 베푸시며

　주의 많은 긍휼을 따라

　내 죄악을 지워 주소서(시 51:1).

다윗은 하나님의 사랑과 자비에 대한 깨달음을 통해 이렇게 고백할 수 있었다.

내가 주께만 범죄하여

　주의 목전에 악을 행하였사오니

주께서 말씀하실 때에 의로우시다 하고

　주께서 심판하실 때에 순전하시다 하리이다(51:4).

그리고 예수님의 은혜로운 손길을 경험하고 놀랐을 때, 베드로는 이렇게 고백했다. "주여, 나를 떠나소서. 나는 죄인이로소이다"(눅 5:8).

이 은혜를 경험해 보지 못한 이들에게는 자신의 비참함을 깨닫는 일이 불편하게 다가올 수 있다. 그들은 자기 죄를 감추고 덮는 편이 더 낫다고 믿는다. 하지만 주님의 십자가 아래서 우리 죄의 무게가 드러날 때, 비로소 **참된 치유**가 이

바리새인들과 구속

루어진다. 이때 우리는 놀라운 기쁨으로 눈물 짓게 된다. 원수 마귀가 죄를 지적하고 고발하는 것은 우리를 끝없는 절망에 빠뜨리기 위함이다. 이에 반해 그리스도께서 죄의 참담함을 드러내시는 이유는 그 죄를 영원히 소멸시키려는 데 있다. 그래서 우리는 그분의 한결같은 사랑과 자비를 확신하면서 "하나님이여, 불쌍히 여기소서. 나는 죄인이로소이다"라고 부르짖는 것이다. 이때 우리는 주님의 은혜 앞에서 자신의 죄악 됨을 깨닫고 철저히 절망하게 된다. 그러고는 자기 힘에 의존하는 바리새주의를 **떨쳐내기 위해** 스스로를 향해 죽는 편을 택한다. 다른 방법으로는 그 병폐에서 해방될 수 없기 때문이다.

성경 연구에 전념한 바리새인들은 마땅히 이 진리를 알았어야 했다. 믿음의 조상 아브라함은 후손을 바랄 여력이 없는 사람이었다. 그는 이미 늙었고, 아내는 아이를 낳을 수 없는 상태였다. 하지만 성경은 이렇게 말씀한다. "아브람이 여호와를 믿으니 여호와께서 이를 그의 의로 여기시고"(창 15:6). 이는 그가 할례받기 전의 일이었다. 아브라함의 삶을 통해, 우리는 하나님이 인간적인 능력과 가치의 척도로 우리를 대하지 않으심을 보게 된다. 오히려 하나님은 인간을 무로부터 창조하셨듯이, 아무 자격 없는 우리를 값없이 구원

복음주의 바리새인

하신다. 그러나 바리새인은 이렇게 기도했다. "하나님이여, 나는 다른 사람들[과] …… 같지 아니함을 감사하나이다"(눅 18:11). 그는 하나님의 의를 헤아리지 못했기에 사람들의 가치를 스스로 구분 짓고 말았다.

우리 자신의 인간적인 장점에 근거해서 하나님이 우리를 대하신다고 여길 때, 우리도 이 바리새인과 똑같은 길을 걷게 된다. 어떤 신학 사조들은 실제로 사람들을 서로 구분 짓는 일을 장려한다. 예를 들어 해방신학은 악인과 무고한 이들을 나눠 놓으며, 다른 신학 사상들은 가해자와 피해자들을 따로 떼어 놓기도 한다. 복음주의 교회들에서는 인종과 계층, 능력과 성별 등에 따른 차별을 거부하고, 모든 이를 널리 환영하면서 복음을 호소력 있게 제시하려고 노력해 왔다. 하지만 그 교회들의 인간적인 한계 때문에, 어떤 이들이 다른 이들보다 더 환영받는 일이 종종 있었다. 그리고 때로는 교회들의 그런 시도 속에서, 암묵적인 차별이 여전히 남아 있다는 사실이 드러나기도 했다. 이때 그 교회들은 일종의 자선을 베푸는 듯한 태도를 보였을 뿐이다. 우리가 성경의 칭의 교리보다 문화적인 관용의 미덕을 더 중시하는 한, 이런 문제는 계속 남아 있을 것이다. 관용은 사람들 사이에 등급의 차이가 있음을 전제로 삼기 때문이다(다만 그 차이점을

바리새인들과 구속

'너그럽게' 눈감아 줄 뿐이다). 이런 관용은 기독교의 속죄를 낡고 진부한 개념으로 보이게 만든다. 하지만 사람이 오직 믿음으로 의롭다 함을 얻는다는 기독교의 놀랍고도 반문화적인 메시지는 인간적인 가치에 근거한 모든 차별을 극복할 유일한 토대가 된다. 이에 관해 성경은 이렇게 말한다. "……차별이 없느니라. 모든 사람이 죄를 범하였으매 하나님의 영광에 이르지 못하더니 그리스도 예수 안에 있는 속량으로 말미암아 하나님의 은혜로 값없이 의롭다 하심을 얻은 자 되었느니라" (롬 3:22-24). 우리는 오직 이 복음을 통해, 바리새적인 정신의 필연적인 결과물인 배타성과 차별에서 벗어날 수 있다.

자아와의 작별

위선의 난점은 본질상 그것을 간파해 내기가 어렵다는 데 있다. 비유 속의 바리새인은 외관상 마치 빛의 천사와도 같았다. 때로는 미묘한 음조의 변화가 모든 것을 바꿔 놓기도 한다. C.S.루이스는 최초의 개신교인들이 품었던 생각의 "특징적인 음조"를 **안도감**과 **확신**으로 묘사했다. 그 이유는 무엇일까?

복음주의 바리새인

모든 주도권은 하나님께 있었다. 모든 것이 값없고 자유로운 은혜였다. 인간의 하찮은 노력으로는 그 은혜를 획득할 수 없었으며, 그 기쁨을 계속 누리는 것도 그들 자신의 노력으로 되는 일이 아니었다. 다행히 인간에게는 그럴 필요가 없었다. 하늘의 복락은 우리가 돈을 주고 사거나 얻어낼 수 있는 것이 아니다. 인간의 '행위'에는 아무 '공로'가 없지만, 믿음은 곧 사랑의 행위로 이어지기 마련이다(이는 우리 자신도 의식하지 못하는 사이에 이루어질 수 있다). 우리가 사랑의 일들을 행하기 때문에 구원받은 것이 아니다. 오히려 구원받았기 때문에 그런 일들을 행하는 것이다. 우리는 오직 믿음으로 구원받으며, 이 믿음은 순전히 하나님의 선물이다. **이렇게 구원받은 이들은 겸손한 확신을 품고서 자신의 자아에게 작별을 고하게 된다. 이전의 '선한' 결심과 함께 양심의 가책과 불안, 온갖 집착을 다 내려놓는 것이다. 처음에 개신교의 모든 교리는 바로 이 확신에서 생겨났다.[7]**

우리 속에 이런 마음의 태도가 없더라도, 개신교의 교리들을 피상적으로 고백할 수는 있다. 하지만 그 가르침들을 진심으로 기뻐하지는 못한다.

우리는 브리튼섬 종교개혁의 이야기에서 이런 모습을

바리새인들과 구속

보게 된다. 루터의 사역 이후 한 세대가 지났을 때, 많은 잉글랜드인들은 하나님이 베푸시는 구원의 은혜를 깨닫거나 체험한 일이 없으면서도 스스로를 개신교인으로 간주했다. 당시 거의 모든 이들이 교회에 출석했으며, 이에 따라 명목상의 복음주의자가 되곤 했다. 많은 목회자들이 이 형식주의의 폐단을 물리치려고 애썼으며, 신자 개개인의 거룩한 삶을 장려하는 데서 그 답을 찾았다. 그리하여 십계명 설교에 치중하는 경향이 나타났다. 물론 이 설교들 자체는 나쁜 것이 아니었다. 하지만 많은 지역에서 그 설교들은 종교개혁의 원래 초점이었던 칭의 교리를 무색하게 만드는 결과를 낳았다. 이제 설교자들은 하나님이 값없이 베푸시는 구원의 은혜를 선포하는 대신, 복음에 대한 **응답**으로 요구되는 신자들의 거룩한 삶을 강조했다. 이전에 윌리엄 틴들은 교회에서 "즐겁고 복된 소식, 우리가 기뻐 뛰며 춤추고 노래하게 만드는 소식"을 들었다고 술회했다. 하지만 이제 많은 이들은 하나님이 정말 자신을 용서해 주실지 두려워하며 깊은 불안에 빠져 있었다.[8] 그 결과, 그들은 청년 루터와 마찬가지로 자신들의 구원이 거룩한 삶에 달린 듯이 처신하게 되었다. 그들은 그리스도의 값없는 은혜를 알지 못했기에, 틴들의 겸손한 확신도 체험하지 못했다. 그들은 그저 자신의 마음이 올바른지 늘

복음주의 바리새인

의심하면서 음울한 자기반성을 이어 갔을 뿐이다.

이런 상황에서 리처드 십스 같은 청교도 사역자들이 나타났다. 십스는 그저 사람들에게 도덕적인 부담감을 심어 주는 데 머물지 않고, 그리스도께서 죄인들의 은혜로운 구주이심을 전했다. 그에 따르면 죄 문제의 해답은 "죄 없이 살아보려고 애쓰는 우리의 노력에 있지 않다. 그 답은 하나님이 값없이 베푸시는 은혜의 복음에 있다."[9] 우리가 그리스도의 구주 되심을 누릴 때, 비로소 죄짓기를 그치고 진심으로 그분을 사랑하기 시작한다. 십스의 가장 유명한 저서는 『상한 갈대』인데, 이는 마태복음 12:20을 강해한 설교집이다("상한 갈대를 꺾지 아니하며 꺼져 가는 심지를 끄지 아니하기를"). 이 설교에서, 그는 연약한 신자들에게 무거운 마음의 짐을 지우는 목회자들을 향해 좀 더 그리스도를 닮은 마음으로 사역할 것을 당부했다. 십스에 따르면 그들의 임무는 "꺼져 가는 촛불의 심지처럼 연약한 그리스도인들의 삶 속에 복음의 산소를 불어넣는" 데 있었다.[10]

『상한 갈대』의 끝부분에서, 십스는 루터에 관해 언급한다(그는 하나님이 루터를 통해 "온 세상이 꺼뜨리지 못할 복음의 불길을 일으키셨다"고 단언한다[11]). 여기서 그가 전하려 했던 메시지는 열성적인 개신교인들 사이에서도 참된 종교개혁의 정신

바리새인들과 구속

이 소멸할 수 있다는 것이었다. 그리고 하나님의 은혜에 대한 깨달음을 잃어버린 기독교 도덕주의의 뒷문을 통해, 젊은 시절의 루터가 품었던 온갖 의심과 불안이 다시금 우리 마음 속에 잠입할 수 있었다. 종교개혁 시대에 확증된 복음의 핵심 진리를 고수하기 위해, 십스를 비롯한 청교도들은 "그리스도의 은혜로운 본성과 직분"을 가르치고 선포했다. 그들에 따르면 "우리는 주님의 본성과 직분을 바르게 헤아릴 때 풍성한 위로를 맛보며 그분을 전심으로 섬기게" 된다.[12]

십스는 "그리스도의 은혜로운 본성과 직분"이 죄악 되고 바리새적인 마음의 유일한 치료책임을 깨달았다. 예수님을 단순한 왕이나 조력자, 혹은 (현세와 내세에서) 번영의 길로 인도하는 수단 정도로 여기는 '다른' 복음들은 예수님의 온전한 구주 되심에 초점을 두는 참된 복음과 동일한 효력을 발휘할 수 없다. 누가복음 18장의 바리새인은 '십자가가 없는' 복음을 따랐는데, 그런 복음들은 우리가 처한 문제의 심각성과 깊이를 제대로 드러내지 못한다. 그러므로 그 복음들은 첫 개신교인들이 누렸던 "안도감"과 "겸손한 확신", "자아와의 작별"을 가져다줄 수 없다. 우리 복음주의자들이 자기를 신뢰하는 병폐에서 벗어나서 이 복된 소식을 누리려면, 세리 같은 죄인들이 오직 믿음으로 의롭게 된다는 진리를 온 마음

복음주의 바리새인

으로 받아들여야 한다. 그것은 실로 우리를 겸손하게 만드는 동시에 깊은 행복감을 가져다주는 진리다. 장 칼뱅은 이렇게 언급한다. "[칭의는] 우리 신앙의 주된 기반과도 같다.……우리는 무엇보다 먼저 하나님과의 관계를 헤아리고, 우리에 대한 그분의 판결이 어떠한지를 파악해야 한다. 그러지 않으면 우리의 구원을 확립하며 하나님을 향한 경건의 삶으로 나아갈 참된 토대를 마련할 수 없기 때문이다."[13]

믿음과 위선

위선은 본성상 아무 실체가 없다. 따라서 위선은 진실한 기독교적 삶의 토대인 믿음과 완전히 반대된다. 마르틴 루터는 믿음의 본성을 다음과 같이 서술했다.

[믿음은] 살아 있고 분주하며 적극적이고 강력한 힘을 지닌다. …… 믿음은 하나님의 은혜를 향한 생생하고 굳건한 확신이다. 그 신뢰가 너무도 분명하고 확고하기에, 1,000번이라도 우리 목숨을 그것에 걸 수 있을 정도다. 이 은혜에 대한 지식과 확신이 있을 때, 우리는 기쁘고 복되며 담대한 마음으로 하나님과 그분의 모든 피조물을 마주하게 된다.[14]

바리새인들과 구속

위선자들은 자기 힘에 의존하기에, 이 은혜에 대한 믿음의 확신에서 오는 기쁨과 담대함을 알지 못한다. 그들은 선한 일들에 관해 이야기를 늘어놓으면서도, 그 일들이 실제로 무엇인지는 전혀 헤아리지 못한다. 그들은 자기 자신에게만 몰두하기 때문에 다른 이들을 사랑하는 마음이 없다. 이에 반해 참된 신자들은 하나님 앞에서 의롭다 함을 받는 동시에 그분 안에서 참된 기쁨과 만족을 누린다. 루터에 따르면 "이때 우리는 부지런히 선행을 실천할 수밖에 없는 이들이 된다. 믿음으로 구원받은 이들은 어떤 선한 일을 해야 하는지 굳이 질문하지 않는다. 그들은 그 물음을 떠올리기 전부터 이미 그 일을 행하고 있기 때문이다. 그것이 곧 그들이 따르는 삶의 방식이다."[15]

그리스도의 복음과 구속이 위선의 병폐에 대한 유일하고 참된 해독제인 이유는 여기에 있다. "믿음은 들음에서 나며 들음은 그리스도의 말씀으로 말미암[기]" 때문이다(롬 10:17). 이 말씀은 분명히 그리스도의 **은혜**에 관해 듣는 일을 가리킨다. 그 은혜가 없이는 우리가 하나님을 진정으로 알 수 없기 때문이다. 장 칼뱅은 이렇게 언급한다.

여기서 우리는 믿음의 본질을 생생히 헤아릴 수 있다. 자신

복음주의 바리새인

의 구원이 하나님 안에 있음을 깨달을 때, 우리는 비로소 그분을 찾도록 이끌림을 받는다. 하나님이 우리의 구원에 깊은 관심을 품고 계신다고 친히 선언하실 때, 이 일이 분명히 확증된다. 우리에게는 아버지 하나님의 자비를 증언해 주는 은혜의 약속이 필요하다. 다른 식으로는 그분께 나아갈 수 없으며, 인간의 마음은 오직 그 은혜 안에서만 안식을 얻을 수 있다.[16]

우리 그리스도인들이 복음의 백성답게 살아가려면, 그리스도의 십자가와 그분의 보혈에 근거한 칭의의 메시지를 그저 초신자들만을 위한 것으로 여겨서는 안 된다. 오히려 그 메시지를 매일의 양식과 음료로 삼고, 겸손한 확신과 기쁨으로 그 앞에 나아가야 한다. 우리는 복음의 메시지를 늘 마음과 입으로 고백하며 되새겨야 한다. 그럴 때 우리의 거짓된 자기 신뢰가 무너지고, 하나님을 향한 믿음 안에서 담대한 즐거움을 누리게 된다.

바리새인들과 구속

바리새인들과 거듭남

복음서에 따르면 바리새인들에게는 자신들의 겉모습을 위장하는 놀라운 능력이 있었다. 주위 사람들은 그들을 두렵게 여겼지만, 그들 스스로는 자신들의 정통성과 경건을 깊이 확신했던 듯하다. 바리새인들은 탁월한 성경의 사람들처럼 보였으나 실제로는 그 진리를 짓밟고 무시했다. 그들은 독실한 신자처럼 행동했지만, 사실은 자신들에게 구속의 필요성이 있음을 믿지 않았다. 그들은 하나님보다 자신의 힘을 더 신뢰하고 의존했다. 여기에 더해 그들의 세 번째 허물이 있었는데, 이는 중대하면서도 사람들의 눈에 잘 띄지 않는 것이었다. 그들은 거듭남의 필요를 인정하지 않았던 것이다.

거룩해 보이지만 사랑이 없는 이들

마태복음 15장에서 예루살렘의 바리새인과 서기관들이 예수님께 찾아와 강한 비난을 쏟아놓았을 때 이 문제가 수면 위로 드러났다. 그들이 지적한 내용은 예수님의 제자들이 교만하고 부도덕하다거나 믿음이 없다는 것이 아니었다. 오히려 그들은 "[제자들이] 떡 먹을 때에 손을 씻지 아니하[는]" 것을 문제 삼았다(2절). 당시 바리새인들은 복잡한 정결 예식을 철저히 준수하는 이들로 알려져 있었는데, 예수님은 이

바리새인들과 거듭남

일을 깊은 병폐의 징후로 여기셨다. 그분은 이사야서 29:13 말씀을 바리새주의에 대한 예언으로 인용하셨다. "이 백성이 입술로는 나를 공경하되 마음은 내게서 멀도다"(마 15:8). 그들은 진실한 내면보다 외적인 행실에 더 마음을 쏟는 허물을 범했다. 겉으로는 주님 외에 다른 신들을 섬기지 않았지만, 속으로는 그들 자신의 힘을 신뢰했다. 겉으로는 안식일을 지켰지만, 속으로는 주님이 주시는 안식을 누리지 않았다. 겉으로는 이웃에게 아무 죄를 짓지 않았지만, 속으로는 자기 분파에 속하지 않은 이들을 사랑 없고 무자비한 태도로 대했다. 외적인 행실로 볼 때 그들은 실로 의로운 이들이었다. 하지만 그 마음속을 살필 때 그들은 율법을 노골적이고도 철저하게 위반하고 있었다. 그들은 하나님과 이웃을 온 마음으로 사랑하지 않았다. 그들은 거룩함의 실질보다 겉모습을 중시했기에, 자기 죄를 진심으로 뉘우치기보다 거짓으로 위장하는 편을 택했다. 그들은 '씻지 않은 손'이라는 하루살이를 걸러내면서도, '영적인 불결'이라는 낙타는 삼켜 버리는 이들이었다(23:23-24). 예수님은 이렇게 말씀하셨다. "[이들은] 회칠한 무덤 같으니 겉으로는 아름답게 보이나 그 안에는 죽은 사람의 뼈와 모든 더러운 것이 가득하도다"(27절).

바리새인들이 이처럼 외적인 문제에만 집착했던 것은

복음주의 바리새인

그들의 영적인 근시안 때문이었다. 예수님은 그들을 "눈먼 자들"로 선언하셨다(15:14, ESV). 그들은 사람의 마음에 대한 주님의 관심을 헤아리지 못했으며, 자신들이 얼마나 타락한 존재인지도 깨닫지 못했다. 그들은 다음과 같은 주님의 판단에 담긴 뜻을 분별하지 못했다. "만물보다 거짓되고 심히 부패한 것은 마음이라"(렘 17:9). 그들은 율법의 요구가 단순한 행위의 차원을 넘어서서 우리 마음의 동기와 갈망에까지 이른다는 점을 알지 못했다. 궁극적으로, 율법은 우리에게 자기 개선을 지시하지 않는다. 오히려 그 지향점은 다음과 같이 인간의 힘으로는 불가능한 곳에 위치하고 있다. "너희는 마음에 할례를 행하[라]"(신 10:16). 예수님은 바리새인들이 성경에서 이미 배웠어야 할 다음의 내용들을 거듭 일깨워 주셨다.

> 듣고 깨달으라. 입으로 들어가는 것이 사람을 더럽게 하는 것이 아니라 입에서 나오는 그것이 사람을 더럽게 하는 것이니라.……입으로 들어가는 모든 것은 배로 들어가서 뒤로 내버려지는 줄 알지 못하느냐. 입에서 나오는 것들은 마음에서 나오나니 이것이야말로 사람을 더럽게 하느니라. 마음에서 나오는 것은 악한 생각과 살인과 간음과 음란과

바리새인들과 거듭남

도둑질과 거짓 증언과 비방이니 이런 것들이 사람을 더럽게 하는 것이요 씻지 않은 손으로 먹는 것은 사람을 더럽게 하지 못하느니라. (마 15:10-20)

성경은 분명히 "선을 행하는 자가 없으니 하나도 없도다"라고 가르친다(시 14:3). 하지만 바리새인들의 형식주의는 그와 정반대되는 전제 아래서 작용했다. 이는 인간이 도덕적 중립 상태에 있다는 것이었다. 그들은 자신의 행위로써 스스로를 선하고 의롭게 만들 수 있다고 믿었다. 그들이 보기에, 악한 생각과 살인, 간음과 성적인 부도덕, 도둑질이나 거짓 증언과 비방 등은 인간 내면의 본질적인 사악함을 드러내는 것이 아니었다. 그런 행동들은 그저 선한 사람들의 그릇된 선택 정도로 여겨져야 했다. 이에 반해 예수님은 인간의 악행을 더 깊고 사악한 본성의 외적인 표출로 여기면서 이렇게 말씀하셨다. "그 열매로 나무를 아느니라.……선한 사람은 그 쌓은 선에서 선한 것을 내고 악한 사람은 그 쌓은 악에서 악한 것을 내느니라"(마 12:33, 35).

바리새인들은 인간의 상태를 근시안적인 태도로 평가했기 때문에, 그들 스스로에 대해 안일한 자신감을 간직하고 있었다. 그로 인해 계속 죄와 자아의 노예로 머물렀다. 근

90

복음주의 바리새인

본적인 문제가 없다는 것은 곧 근본적인 해결책이 요구되지 않음을 뜻했다. 그러니 바리새인이자 "이스라엘의 선생"(요 3:10)이었던 니고데모조차 "네가 거듭나야 한다"(7절, ESV)는 예수님의 말씀을 알아듣지 못할 수밖에 없었다. 여느 바리새인들과 마찬가지로, 니고데모는 율법의 가장 깊은 요구이자 새 언약의 본질적인 약속이 '새 마음과 새 영'(겔 36:26)에 있음을 알아차리지 못했다. 그는 서기관과 바리새인들의 것을 능가하는 의, 오직 새 마음과 함께 임하는 그 의를 깨닫지 못했던 것이다.

소중한 유산을 내다 팔다

우리 인간들이 본성적으로 죄 가운데서 길을 잃었으며 영적인 거듭남이 필요하다는 가르침은 늘 복음주의 신앙의 소중한 유산 중 하나였다. 복음주의자들은 역사적으로 자신의 도덕적 무능력에 대한 루터의 절망을 공유했으며, 뉴턴과 함께 이렇게 고백했다. "잃었던 생명 찾았고 광명을 얻었네."[1] 여러 세기에 걸친 개혁과 부흥의 시기마다 이런 모습이 반복되었는데, 여기에는 충분한 이유가 있다.[2] 존 웨슬리나 조나단 에드워즈 같은 설교자들은 다른 이들이 인간의 고통에 대한 궁극적인 해결책으로 내세운 도덕 개혁이 충분한 답을 주지 못함을 알았다. 지금 인간이 처한 문제가 매우 심각했기 때문이다. 그들은 우리 죄가 실로 깊고 중하기에, 우리의 마음 자체가 새롭게 되어야만 한다는 점을 보았다. 그들의 관점에서 인간의 본성적인 무력함에 대한 교리는 그리스도인들의 만족을 앗아 가는 음울한 가르침이 아니었다. 오히려 그것은 참된 기쁨으로 인도하는 관문이었다. 그들은 자신의 경험을 통해 스스로를 구원할 힘이 없음을 깨달을 때 비로소 자기 너머의 소망을 구하고 찾게 됨을 알고 있었다. 그때 우리는 자아 대신에 그리스도만을 의지하며, 자신의 어떤 행위로도 얻을 수 없는 평안을 그분 안에서 누리게 된다. 성경에 기록된 구속받은 이들의 모습은 한결같이 다음의 진리를 증언하고 있다. '적게 용서받은 이들은 적게 사랑하며, 많이 용서받은 이들은 많이 사랑한다'(눅 7:47).

하지만 우리에게 근본적인 문제와 구원의 필요성이 있음을 인정하고 받아들이는 일은 마치 흐르는 물을 손으로 움켜쥐려고 애쓰는 것만큼 어렵다. 한 가지 이유는 우리의 죄악 된 마음이 그런 진단에 저항하기 때문이다. 스크루테이프는 한 그리스도인 청년에 관해 이렇게 썼다. "그는 기도의 자리에서 자신의 죄악 됨을 토로하지만, 사실 이 고백들은 그저 앵무새

복음주의 바리새인

가 지껄이는 말들과 다를 바 없다. 마음 깊은 곳에서, 그는 여전히 자신의 회심을 통해 원수의 장부에 충분한 잔고를 쌓아 두었다고 믿기 때문이지. 그는 자신이 매 주일 예배에 참석하는 것을 마치 대단한 겸손과 자기 낮춤의 표현처럼 여긴다."[3] 이 일은 자존감과 자율성, 자기 개선의 능력을 중시하는 현대인들에게 매우 수치스러운 것으로 다가온다.

　그러니 오늘날 복음주의가 종종 피상적인 모습을 보이는 것도 이상하지 않다. 우리 마음과 문화의 중력은 그 암울해 보이는 성경의 판결에 강하게 반발한다. '우리는 죄 가운데 죽어 있는 이들이다'라는 말을 누가 듣고 싶어 하겠는가? 하지만 이 성경의 진술을 포기할 때, 우리에게는 이웃에게 전할 메시지가 아무것도 남지 않는다. 예수님을 세상의 영적인 스승이나 우리의 일을 돌봐줄 집사 같은 분으로 소개해야 할까? 성령님의 사역을 일종의 영적인 엔도르핀처럼 묘사하면 될까? 그러나 이런 영역들은 자기 계발서 한 권과 와인 한 잔만 있으면 충분히 해결될 부분이다.

　물론 대부분의 복음주의자들은 이 성경의 진리를 드러내 놓고 배척하는 일을 꺼릴 것이다. 이 거부는 좀 더 미묘한 방식으로 이루어진다. 우리는 외적인 신앙고백을 준수하면서 진실한 복음적 삶의 겉모습을 유지하고, 이를 통해 스스

바리새인들과 거듭남

로를 기만할 수 있다. 하지만 우리 중 누구도 인간의 상태에 대한 예수님의 이 평가에 반발하는 교만한 성향에서 자유롭지 않다. 우리는 오랫동안 자기 존중의 문화에 젖은 채로 살아왔기에, 자신의 본성적인 비참과 무력을 시인하기보다는 스스로를 어쩌다가 조금씩 부도덕한 일에 빠지는 존재로 여기기 쉽다. 그러므로 자신의 죄악 됨이 그대로 드러날 때, 우리는 큰 충격에 빠지게 된다. 어떤 일로 분노하거나 스트레스를 겪는 상황에서 마음속에 악하고 무정한 생각들이 솟구칠 때, 이처럼 악한 일들이 불쑥 나타났다는 사실 앞에서 깊이 경악하는 것이다. 이런 모습은 자기 내면에 더러운 죄가 늘 은밀히 존재한다는 것을 잊고 있음을 보여준다. 이는 어떤 복음주의 지도자들의 몰락을 목도할 경우에도 마찬가지다. 우리는 그들이 그저 '신선한 과일 바구니 속에 담긴 몇 개의 썩은 사과' 같은 존재일 뿐이라고 믿는다. 우리는 이렇게 자신의 죄악 된 본성을 회피하고 축소하며, 어쩌다 자신이 생각만큼 선하게 처신하지 못했다고 느낄 때만 피상적인 회개를 고백할 뿐이다. 우리의 자기 인식이 예수님의 가르침에서 멀어지는 일은 이처럼 은밀하고 조용하게 이루어지지만, 그 결과는 명백하다. 우리는 기도의 자리로 나아가지 않으면서 스스로를 뽐내고, 다른 이들을 가혹하게 비판하는 이들이

복음주의 바리새인

된다.

바리새인들은 죄의 실체를 제대로 깨닫지 못한 채, 그것을 그저 조금만 더 의지력을 발휘하면 해결할 수 있는 불완전한 행동 방식으로 여겼다. 이는 곧 죄인이 스스로 문제를 해결할 수 있다는 생각이다. 이때 사람들은 다른 누군가에 의해 구속을 받을 필요가 없으며, 바울이 '육신'으로 지칭했던 그들 자신의 힘에 의지해서 온전히 설 수 있다. 그들은 죄에 대해 죽고 다시 살아나는 대신, 기독교를 일종의 자기 개선 프로그램 정도로 여기게 된다. 그리고 성경은 육신적인 자아 계발의 지침서로서, 구주를 만나기 위해서가 아니라 현세적인 삶의 교훈을 얻기 위해 뒤적이는 책이 된다. 이때 설교자들이 예수님을 언급하더라도, 그 주된 목적은 그분을 알리고 전하는 데 있지 않다. 오히려 그 목적은 사람들에게 특정한 행동 양식을 주입하는 데 있다. 그리고 주일 예배 역시 "서로 화답하는" 데만 초점을 맞춘 나머지, "주께 노래하는" 일을 아예 배제하게 된다(엡 5:19 참조—옮긴이). 물론 실제로는 이 미묘한 강조점의 차이를 감지해 내기 어려울 때가 많다(서로 말을 주고받으며 자기 행실에 관심을 품는 것은 여하튼 옳은 일이기 때문이다). 그러나 이 그릇된 관점에 빠진 이들은 결국 교만한 태도를 드러내게 된다. 사실 바리새인들은 그들의 교만 덕분에 여러 피상적인 악덕

바리새인들과 거듭남

을 극복했으며, 이를 통해 그들 자신의 선함을 과시할 수 있었다. 하지만 그 도덕적 성취는 그들의 자존심과 자기 의존적 태도를 더욱 강화시켰을 뿐이다. 그들은 자아에 도취되어 스스로에게 시선을 늘 고정했으며, 그 과정에서 하나님과 이웃을 점점 더 망각하게 되었다.

바리새적인 마음가짐의 또 다른 주요 지표는 내적 진실보다 외적인 행위를 중시하고 참된 회개보다 거짓 위장을 택하는 태도다. 이 일이 어떤 모습을 취하는지는 각 집단마다 다르다. 어떤 곳에서는 도덕성을, 다른 곳에서는 성경 지식을 그 잣대로 삼으며, 어떤 이들은 올바른 감정과 경험을 강조하기도 한다. 이때 신자의 거듭남은 그저 도덕적 진보나 정신적인 깨달음, 깊은 종교적 감정을 체험하는 순간 정도로 취급될 수 있다. 이 중 어떤 경우든 외적인 것에 중점을 두기 때문에, 사람들의 노력이 전부 그쪽에 집중된다. 그 결과로 도덕적이지만 사랑이 없고, 박식하지만 열매가 없으며, 감정적이지만 성령의 감화가 없는 공허한 사람들이 생겨난다. 외형주의가 번성하는 곳에서는 바리새주의가 자라나기 마련이다.

복음주의 바리새인

무미건조한 믿음

대개 자신을 '복음의 사람'으로 여기는 이들은 거듭남의 필요성을 드러내 놓고 부인하지 않는다. 하지만 혹시 그리하는 이들이 있다면 어떤 모습일까? 우리는 그 모습을 애써 상상할 필요가 없다. 앞서 2장에서 잠시 살폈던 샌디먼파가 18세기와 19세기에 바로 그렇게 행했기 때문이다. 요약하자면 샌디먼파는 구원의 신앙이 그저 "진리 자체에 대한 지적인 인식"(bare belief of the bare truth)에 불과하다고 여겼다.[4] 샌디먼은 외관상 복음주의적인 논리를 동원해서 자신의 견해를 옹호했지만, 이 지적인 신앙관은 이성을 중시하는 당시의 계몽주의 시대 분위기에 잘 들어맞았다. 그는 오직 은혜로 주어지는 구원을 고수한다는 명분 아래, 만약 우리의 믿음 가운데 하나님께 능동적으로 마음을 쏟고 의존하는 일이 포함된다면 그것은 하나의 인간적인 행위가 되고 만다고 주장했다. 따라서 믿음은 그저 복음이 참되다는 지적인 동의에 그쳐야 한다는 것이다. 그에 따르면 그것은 하나의 인정이지 인격적인 신뢰가 아니다.

샌디먼의 가르침에 설득된 이들도 있었지만, 많은 이들이 깊은 우려를 품었다. 그 비판의 주도자는 앤드류 풀러

바리새인들과 거듭남

(1754-1815)였는데, 그는 자신의 주저인 『샌디먼주의 논박: 벗에게 보내는 열두 통의 편지』(*Strictures on Sandemanianism, in Twelve Letters to a Friend*)에서 그 일을 행했다.[5] 풀러에 따르면 샌디먼파는 구원의 신앙이 **영적인 거듭남의 열매**임을 깨닫지 못했다. 그러나 오직 성령의 사역으로 마음이 새롭게 된 이들만이 참된 신앙으로 나아오게 된다는 것이 풀러의 견해였다. 신앙은 우리 마음과 무관한 하나의 지적인 행위에 그칠 수 없었다. 그렇지 않다면 참된 신앙과 명목상의 신앙이 어떻게 구별되겠는가? 명목상의 기독교인들도 복음의 진리들에 지적으로 동의할 수 있지만, 그런 믿음은 "[하나님의 존재를] 믿고 떠[는]" 마귀들의 '믿음'과 별로 다르지 않다(약 2:19). 구원의 신앙은 우리 마음과 지성 모두의 행위다. 그러므로 로마서에서 바울은 이렇게 선포하고 있다. "네가 만일 네 입으로 예수를 주로 시인하며 또 하나님께서 그를 죽은 자 가운데서 살리신 것을 네 **마음에 믿으면** 구원을 받으리라. 사람이 **마음으로 믿어** 의에 이르고 입으로 시인하여 구원에 이르느니라"(롬 10:9-10). 이에 관해 마틴 로이드 존스는 이렇게 언급한다. "물론 글라스와 샌디먼의 추종자들은 이 구절의 '마음'이 그저 '지성'을 뜻할 뿐이라고 주장했다. 하지만 그들의 비판자들은 성경에서 이 단어를 그런 식으로 사용하

98

복음주의 바리새인

지 않음을 지적했다."[6]

　구원의 신앙에는 우리의 마음과 정서가 깊이 연관된다. 그것은 단순한 지적인 동의에 그치지 않기 때문이다. 청교도 신학자인 윌리엄 에임스는 이렇게 언급했다. "신앙은 곧 우리의 마음으로 하나님께 기대고 의지하는 일이다."[7] 그리스도를 믿는 것은 곧 그분께 나아오며 그분을 신뢰하고 영접하는 일을 뜻한다. 요한복음에서 "그 이름을 믿는 자들"은 "[그분을] 영접하는 자[들]"과 동일시된다(요 1:12). 그리고 주님을 "믿는" 자는 곧 그분께로 "오는" 사람이다(6:35). 하지만 인간은 본성상 하나님을 적대시하는 죄인이기에, 그들의 마음이 은혜의 감화를 입을 때 비로소 **진실한 마음으로** 그분께 나아가게 된다.

　샌디먼이 옳다면, 구원 얻는 신앙의 반대편에 놓인 것은 단순한 무지일 것이다. 그러나 성경에 따르면 사람들이 예수님을 믿지 않는 이유는 그저 무지 때문이 아니다. 오히려 그 이유는 그들이 빛보다 어둠을 더 **사랑한다**는 데 있다(요 3:19). "육신의 생각은 하나님과 원수가 되[며]"(롬 8:7), 사악한 자들은 "진리에 대한 **사랑**을 통해 구원받기를" 거부한다(살후 2:10, ESV). 예수님은 당시의 유대인들을 향해, 그들이 그분을 믿지 않는 것은 그분을 사랑하지 않기 때문이라고 지

바리새인들과 거듭남

적하셨다(요 8:39-47). 히브리서 저자도 이와 동일한 논리 아래서 이렇게 경고했다. "형제들아, 너희는 삼가 혹 너희 중에 누가 믿지 아니하는 악한 마음을 품고……떨어질까 조심할 것이요"(히 3:12). 이처럼 믿음과 불신 모두에는 우리의 지식과 지성 이상의 것들이 포함된다(그리고 그 지식과 지성이 배제되는 것 역시 아니다). 불신은 진리를 혐오하는 인간의 적대적인 마음에서 유래하는 한편, 믿음은 하나님의 감화를 받아 그리스도를 사랑하고 그분의 진리를 영접하게 된 이들의 마음에서 생겨난다. 우리는 그저 그리스도에 관한 몇 가지 지식을 알았기에 신자가 된 것이 아니다. 우리가 주님께로 나아오게 된 것은 하나님이 우리 마음을 감화하시고 눈을 열어 주셨기 때문이다. 그리하여 우리는 주님이 실로 아름답고 복된 분이심을 깨닫고, 그분과의 교제를 갈망하게 되었다. 우리의 믿음은 곧 그분을 사랑하고 경배하는 일을 뜻한다.

샌디먼파의 착각이 낳은 결과는 마음이 없는 신앙이었다. 그들은 자신들의 정통성을 확신했지만, 실상은 율법주의적인 동시에 궁극적으로 우상 숭배적인 신앙의 태도를 품고 있었다. 풀러는 이렇게 지적했다. "이들의 삶 속에는 하나님을 향한 간절한 사랑이 없다. 이들의 관점에서 회심은 원칙상 주님께로 마음을 돌이키는 일이 아니다. 물론 이들도 하

복음주의 바리새인

나님을 사랑한다고 고백하지만, 이는 그저 자신들의 유익을 위한 것일 뿐이다."[8] 하나님을 진정으로 사랑하지 않았기에, 구주이신 그분 자신보다 구원의 은덕들을 더 소중히 여겼다. 또 하나님의 사랑을 제대로 깨닫지 못했기에, 진실한 마음의 중요성을 외면하면서 외적인 행위만을 내세우게 되었다. 그리고 바리새인들처럼 특정한 관행을 강조함으로써 그들은 자신들만의 풍습에 동참하지 않는 모든 이들을 배척하는 일종의 광신적인 분파로 알려지게 되었다.

마틴 로이드 존스가 주목했던 샌디먼주의의 문제점 중 하나는 그것이 설교에 미친 영향이다. "샌디먼주의의 추종자들은 따스하고 감정적인 설교를 늘 반대했다. 그리고 사람들로 하여금 자신이 죄인임을 깨닫고 느끼게 만드는 설교들 역시 그 반대의 대상이었다."[9] 부분적으로 이 문제의 원인은 감정주의에 대한 그들의 지나친 반발에 있었다. 이는 신자들 자신의 개인적인 감정과 영적 체험에 너무 의존하게 될지 모른다는 두려움에서 나온 것이었다. 샌디먼주의자들은 개인의 경험을 우상시하는 감정주의와, 그리스도를 사랑하는 신자들의 올바른 정서적 태도(이 정서는 신자들의 삶에서 본질적인 중요성을 지닌다)를 제대로 구별하지 못했다. 그들의 설교는 순전히 교육적인 성격을 띨 뿐, 청중의 마음에 호소하는 내용

101

바리새인들과 거듭남

이 전혀 담겨 있지 않았다. 그들이 해결하려 애썼던 문제는 오직 지적인 무지였기 때문이다.

샌디먼파의 문제는 설교의 **결핍**이 아니었다(그들은 성경 강해의 열렬한 옹호자였다). 오히려 그 설교의 무덤덤하고 냉랭한 **성격**이 문제였다. 설교자뿐 아니라 청중에게서도 아무 감정적인 반응을 찾아볼 수 없었다. 그리고 그들의 기도에 관해서도 똑같은 점을 지적할 수 있다. 그들에게 기도 모임이 없었던 것은 아니다. 하지만 주위 사람들을 우려하게 만든 것은 그들의 기도가 지닌 단조롭고 반복적인 **성격**이었다. 외관상으로는 모든 것이 좋아 보였다. 그들이 운영하는 교회의 프로그램들 가운데는 바람직한 요소들이 모두 포함되어 있었기 때문이다. 하지만 그런 종교의 문제점은 필요한 일들을 다 감당하고 복음적인 신학의 구호들을 내세우면서도, 늘 기계적인 태도로 기도하고 설교하며 살아간다는 데 있다. 그 종교는 외관상 (다소 차갑긴 하더라도) 바르고 단정해 보이지만, 그저 인간적인 의무와 습관, 기대치를 좇아 움직일 뿐이다. 그 안에는 신자들의 진실한 마음이 담겨 있지 않다. 찰스 스펄전은 이렇게 언급했다. "참된 하나님의 자녀들은 기도가 하나의 종교적인 의무가 아님을 알게 된다. 기도는 그들의 특권이자 기쁨이며, 그들의 마음 중심에서 자연스레 흘러나

복음주의 바리새인

오는 고백이다."¹⁰ 하지만 샌디먼주의자들은 이런 기쁨과 환희를 이해하지 못했다.

나아가 로이드 존스는 이렇게 지적했다.

또한 그들은 겸손과 통회의 정신을 저버렸다. 사실 이것이 야말로 지금 우리 그리스도인들의 가장 심각한 문제가 아니겠는가? 여러분은 누군가가 자기 죄 때문에 우는 모습을 마지막으로 보았던 때가 언제인가? 과연 우리 속에 겸손과 통회의 영이 남아 있다는 증거가 있는가? 지금 우리는 지극히 당당한 모습으로 온갖 말만 늘어놓는 이들이 되었다.¹¹

물론 샌디먼주의자들은 이런 태도를 취할 수밖에 없었다. 그들은 인간의 마음이 깊이 타락한 사실을 무시했기 때문이다. 따라서 아무도 자신의 깨어진 참상을 직면할 필요가 없었다. 이처럼 "사함을 받은 일이 적은 자는 적게 사랑하[기]" 마련이다(눅 7:47). 지금 우리의 모습 속에도 이같이 피상적이고 말만 늘어놓는 태도가 남아 있지는 않은지 고민해 보아야 한다. 우리 안에 이런 징후들이 존재할 때, 우리도 그들처럼 진실한 마음의 문제들을 외면하게 된다.

바리새인들과 거듭남

주여, 저를 도우소서!

마태복음과 마가복음에서, 예수님이 마음의 문제를 소홀히 여긴 바리새인들을 꾸짖으신 이야기(마 15:10-20, 막 7:14-23) 다음에는 가나안 또는 수로보니게 여인을 만나 주신 이야기(마 15:21-28, 막 7:24-30)가 이어진다. 이 여인의 이야기가 바리새인들의 이야기와 나란히 놓인 것은 시사하는 바가 크다. 여인에게는 바리새인들이 중시했던 자질이 없었지만, 대신에 예수님이 귀히 여기시는 다른 자질들이 있었기 때문이다. 그러나 정작 바리새인들에게는 그 자질들이 없었다.

그 여인은 이방인일 뿐 아니라, 이스라엘의 오랜 대적 중 하나였던 가나안 족속이었다. 창세기에서 노아는 이렇게 선포한 바 있다. "가나안은 저주를 받을지어다"(9:25, ESV). 그리고 스가랴서는 여호와의 날이 이르면 더 이상 전능하신 주 하나님의 성전에 가나안 족속이 머물지 않게 될 것이라는 강력한 선포로 끝이 난다(14:21). 하지만 그 여인은 예수님의 소문을 듣고서 도움을 청하려고 찾아왔으며, 그분이 누구이신지를 놀랍도록 정확하게 알아차리는 모습을 보였다. 여인은 예수님을 향해 "주 다윗의 자손이여"라고 불렀는데(마 15:22), 복음서 전체를 통틀어 살필 때도 이런 깨달음을 고백한 이

복음주의 바리새인

는 매우 드물었다. 이미 그분의 소식을 접했던 여인은 이처럼 상당한 믿음의 징후를 드러내 보였으며, 예수님은 그녀의 믿음을 더욱 명확히 이끌어 내고자 하셨다. 그리하여 그분은 이렇게 말씀하셨다. "나는 이스라엘 집의 잃어버린 양 외에는 다른 데로 보내심을 받지 아니하였노라"(24절). 여인은 낙심하지 않고, 예수님 앞에 절하면서 이렇게 간청했다. "주여, 저를 도우소서!"(25절) 이때 예수님은 다시금 도저히 극복할 수 없는 장벽처럼 들리는 말씀을 던지셨다. "자녀의 떡을 취하여 개들에게 던짐이 마땅하지 아니하니라"(26절). 하지만 이 말씀 속에 담긴 그분의 의도는 겉보기와는 달랐다. 앞서 서기관과 바리새인들의 교활한 논증들을 물리치신 예수님은 이제 그 여인에게 이 장애물을 극복함으로써 자신의 믿음을 드러낼 기회를 주려 하셨던 것이다. 이때 여인은 실망하며 뒤로 물러서지 않고, **예수님의 판단에 진심으로 동의하면서** 자신이 무가치한 이방인임을 시인했다. 그녀는 이렇게 답했다. "주여, 옳소이다마는 개들도 제 주인의 상에서 떨어지는 부스러기를 먹나이다"(27절).

바리새인들은 스스로 건강하다고 여겼기에 영혼의 의사이신 예수님을 찾지 않았다. 하지만 이 여인은 자신의 절박한 필요를 알았기 때문에 그분 앞에 나아왔던 것이다. 여

바리새인들과 거듭남

인을 주님께로 이끈 것은 그녀 자신의 결핍이었다. 그리고 이를 통해 앞서 마리아가 찬송했던 내용이 이루어졌다. "주리는 자를 좋은 것으로 배불리셨으며 부자는 빈손으로 보내셨도다"(눅 1:53). 이 여인의 이야기를 살피면서 루터는 이렇게 결론짓고 있다.

우리는 여기서 이 불쌍한 여인의 행동을 깊이 숙고하고, 하나님의 온전하신 뜻을 헤아려야 합니다. 그리고 이렇게 고백해야 합니다. "주님, 저는 당신의 은혜를 누릴 자격이 전혀 없는 죄인입니다. 하지만 주께서는 저 같은 죄인들에게 용서를 약속하셨습니다. 주께서 의인을 부르러 오신 것이 아니라, 바울의 고백처럼 '죄인을 구원하시려고' 이 땅에 오셨음을 믿습니다(딤전 1:15)." 그때에 하나님은 그분의 깊으신 뜻 아래서 우리에게 자비를 베푸실 것입니다.[12]

자신의 무가치함에 대한 이 감각은 교회사 전체에 걸쳐 영적인 갱신이 나타났던 시대들의 표준적이고 본질적인 특징이다. 1734-1735년에 매사추세츠주 노샘프턴에서 일어났던 대각성 운동에 관해 기록하면서, 조나단 에드워즈는 이렇게 언급했다. "사람들은 먼저 자신들의 비참한 본성적 상태

복음주의 바리새인

를 자각했다."[13] 뒤이어 그는 다음과 같이 서술했다.

처음에 사람들이 자신의 상태를 각성할 때, 대개는 자신의 외적인 악행이나 죄의 행실에 관해 양심의 가책을 받는다. 그런데 시간이 흐르면서, 내적인 죄에 대한 자각과 중압감이 더욱 커진다. 그들은 자기 본성의 지독한 부패와 하나님을 향한 적개심, 교만과 불신, 그리스도를 배척하는 태도, 자신의 완악하고 강퍅한 의지 등을 느끼면서 깊이 고뇌하게 된다.[14]

사람들이 자기 죄의 심각성을 발견할 때 얻는 이 자아 인식의 내용들이 너무 음울하게 들릴 수도 있다. 하지만 그들이 그리스도의 구속을 소중히 여기게 된 것 역시 이런 깨달음 덕분이었다. 그들은 이런 자신들의 모습을 헤아림과 동시에 "그리스도의 은혜가 실로 위대하고도 충만함을 경험했으며, 그분이 자신들 같은 죄인을 기꺼이 구원하려 하신다는 것을 알게 되었기" 때문이다.[15]

그들은 놀랍도록 큰 기쁨에 사로잡혀 벅찬 가슴을 주체하지 못했다. 그들은 갑작스레 웃음을 터뜨렸으며, 한없이 눈

107

바리새인들과 거듭남

물을 쏟으면서 엉엉 울기도 했다. 그리고 때로는 하나님을 향한 감사와 찬탄의 마음을 큰 소리로 표현했다.[16]

장 칼뱅이 언급했듯이, 하나님을 아는 지식과 우리 자신을 아는 지식은 서로 긴밀히 얽혀 있다.[17] 자비가 필요한 죄 많은 피조물인 우리 자신에 대한 이해가 없이는 하나님의 깊은 자비와 사랑, 공의를 알 수 없다. 그리고 거룩하고 선하신 하나님의 모습을 바라보지 않고서는 우리 자신의 참모습을 깨닫지 못한다. 처음에 하나님의 형상으로 지음 받은 인간의 영광스러운 모습도, 현재 우리의 죄악 되고 비뚤어진 실상도 오직 그분 앞에 설 때만 바르게 헤아릴 수 있다. 루터가 하나님의 은혜를 참되게 아는 지식에 조금씩 다가가던 시기에 깨달은 것도 이 진리였다. 당시 그는 하나님의 자비를 뚜렷이 느낄수록 인간의 타락을 더 깊이 자각했다. 결국 우리의 문제가 사소한 것일 뿐이라면, 무엇 때문에 그분의 큰 은혜가 필요하겠는가? 이전에 루터는 인간 본성이 선하기에 우리의 행위로 충분히 하나님을 기쁘시게 할 수 있다고 믿었지만, 이제는 불신자들이 행하는 최상의 선행조차 죄악 된 것임을 깨달았다. "믿음을 따라 하지 아니하는 것은 다 죄"이기 때문이다(롬 14:23). 우리는 자기 삶을 개선하려는 노력에 강박적

복음주의 바리새인

으로 몰두하면서도, 자신이 실로 이기적이며 하나님을 향한 참사랑이 결핍된 상태에 있음을 헤아리지 못한다. 우리의 외적인 행실은 그저 율법의 첫 계명을 어긴 근본적인 죄를 위장하려는 용도로 쓰일 뿐이다. 이때 우리는 자신이 마치 신과 같은 존재로서 스스로 영생을 획득할 수 있다는 오만한 생각을 은밀히 품게 된다. 루터는 이렇게 탄식했다.

> 하나님의 약속을 믿지 않는 자들만큼 그분께 큰 반역을 저지르며, 사악한 태도로 그분을 멸시하는 이들이 어디 있겠는가? 그들은 하나님을 거짓말쟁이로 만들고, 그분의 참되심을 의심한다. 그들 자신은 진실하게 여기면서도, 하나님은 거짓되고 무익한 분으로 간주하는 것이다. 이같이 행하는 자들은 하나님을 부인하고 그들 스스로를 우상시한다. 이들이 설령 하늘에서 온 천사나 사도일지라도, 이런 마음으로 행한다면 그 일에 무슨 선한 것이 있겠는가?[18]

루터가 자기 죄의 깊이를 온전히 깨달았을 때, 인간의 구원이 단순히 하나님과 우리 사이의 협력으로 성취될 수 없다는 점을 헤아리게 되었다. 그것은 그저 하나님이 우리의 연약함을 조금 도와주시기만 하면 되는 일이 아니었다. 이제

바리새인들과 거듭남

루터는 철저히 무력한 우리를 하나님이 친히 죄에서 건져 내주시는 일이 바로 구원임을 알았으며, 자기 힘에 의지하던 옛 태도를 버리고 그리스도께 온전히 의존하게 되었다. 이처럼 자신이 중한 죄인임을 자각했기에, 그는 구주이신 그리스도의 위대하심을 더 깊이 깨닫고 누릴 수 있었다.

깨어짐이 아닌 녹아내림

가나안 여인이 예수님께 나아온 것은 자신의 필요를 느꼈기 때문만이 아니었다. 그녀는 또한 자신의 구제책이 그분 안에 있음을 보았다. 이처럼 우리 자신의 부패성을 깨닫는 것만으로는 충분하지 않다. 이는 (아마도 '죄가 빠진' 복음 메시지들에 반발함으로써) 주로 청중에게 죄의식을 심어 주는 데 집중하는 설교자들이 범할 수 있는 실수다. 청교도 설교자인 리처드 십스는 자기 시대에 이런 모습들이 나타나는 것을 보고서 이렇게 경고했다. "회중들의 마음이 깨어지게 만드는 것만으로는 충분하지 않다. 이는 산산조각이 난 항아리가 아무 짝에도 쓸모없게 되는 것과 마찬가지다. 우리가 하나님의 심판에 대한 공포와 두려움을 심어 줄 때, 그들의 마음은 여전히 뻣뻣하고 굳은 상태로 남을 수 있다."[19] 오히려 그는 이렇

110

게 언급했다. "[우리 마음이] 부드럽게 녹아내려야만 한다."
그러면 본성상 하나님 앞에서 차갑고 냉담한 우리 마음이 어
떻게 따스하게 녹을 수 있을까? 십스는 이렇게 답한다.

> 그리스도의 인자한 사랑을 깨달을 때, 우리 마음이 부드러
> 워진다. 우리는 그분이 흘리신 보혈의 공로를 생각하면서
> 겸손하고 낮은 마음을 품게 된다.……내가 확신하건대, 인
> 간의 강퍅한 마음을 녹이는 것은 복된 구주이신 그리스도
> 의 보혈과 고난뿐이다. 하나님은 우리를 지극히 사랑하셔
> 서 자기 아들을 보내셨다. 그분은 그리스도의 사역을 통해
> 자신의 공의를 만족시키셨으며, 우리를 죽음과 지옥, 사탄
> 의 권세에서 해방하셨다. 이 위대한 일들이 지금 우리에게
> 도 적용됨을 깨달을 때, 우리 마음이 녹아서 그분 앞에서
> 부드럽고 겸손한 상태에 있게 된다.[20]

그리스도의 보혈은 우리 죄와 그리스도의 은혜를 모두
깨닫게 한다. 그분의 십자가에서 우리 죄가 전복될 때 그 죄의
깊이가 온전히 드러나며, 우리 죄를 통회하며 애곡하는 **동안
에** 그리스도를 향한 사랑이 우리 마음속에 넘쳐흐르게 된다.
십스는 우리의 죄를 **자각할** 뿐 아니라 우리의 욕망 역시

바리새인들과 거듭남

변화되어야 한다는 점을 깨달았다. 결국 모세 율법의 주된 목표는 그저 우리가 죄인임을 드러내는 것이 아니라, 그 죄의 **원인**을 밝히는 데 있었다. 그 원인은 우리가 본성적으로 그릇된 **욕망**을 품는다는 것이며, 이는 우리의 온갖 노력에도 불구하고 전혀 극복되지 않는다. C. S. 루이스는 율법이 실제로 우리의 욕망들을 다룬다는 점을 다음과 같이 지적한다.

> 기독교의 역설은 여기에 있다. 이 땅의 삶에 대한 실천적인 명령의 관점에서, 성경의 두 큰 계명은 이렇게 번역되어야 한다. "하나님과 이웃을 사랑하는 **것처럼** 행동하라." 사랑하라는 명령을 받았다고 해서 실제로 그럴 수 있는 사람은 아무도 없기 때문이다. 하지만 이런 수준의 '순종'은 참된 순종이 될 수 없다. 그리고 어떤 이가 진실로 하나님과 이웃을 사랑한다면, 이것 역시 '순종'으로 부를 수 없다. 이는 그 행동이 그의 마음속에서 자연히 우러나온 것이기 때문이다. 따라서 하나님의 계명에 담긴 실제 의미는 바로 이것이다. "너는 거듭나야만 한다."[21]

이 거듭남은 곧 우리 마음의 갈망이 변화되어, 자아를 탐닉하던 옛 본성을 내려놓고 "그리스도 안에서 하나님을 전

복음주의 바리새인

심으로 즐거워하며 그분이 원하시는 모든 선한 일을 기쁨으로 행하게 되는" 일을 가리킨다.[22] 거듭남은 이보다 덜한 것이 될 수 없으니, 이는 성령으로 태어나는 일이기 때문이다. 성령님은 그저 우리가 억지로 선행을 실천하게 만드는 데 마음을 쏟지 않으신다. 성령님은 성부께서 성자를 향한 영원한 사랑을 표현하시는 통로인 동시에, 성자께서 그 사랑을 성부께 되돌려 드리는 통로다. 하나님이 우리에게 성령을 베푸실 때, 이를 통해 그분 자신의 생명을 나누어 주신다. 거룩한 기쁨이 넘치는 사랑은 하나님이 성령 안에서 주시는 새 생명의 핵심 특징이다.

바리새인들은 외적인 행실의 변화를 통해 스스로 의롭고 선한 사람이 될 수 있다고 믿었다. 그러나 성령님은 우리가 **즐거워하는** 대상이 달라지게 만듦으로써 우리를 안으로부터 변화시키신다. 에드워즈에 따르면, 성령님이 우리 마음속에서 행하시는 주된 사역은 우리의 **취향**을 바꾸어 놓는 일이다. 그리하여 우리는 하나님의 "사랑스러우심" 혹은 "감미로우심"을 "음미하게" 된다.

인간이 거듭날 때 그 마음속에서 하나님이 행하시는 능력의 첫 열매는 거룩한 취향 또는 감각을 심어 주시는 일이

113

다. 이로 인해 그는 하나님의 지극히 탁월하신 본성 가운데서 드러나는 그분의 사랑스러우심과 감미로우심을 음미하게 된다. 이것은 우리 영혼에서 역사하시는 신적인 능력의 즉각적인 결실이며, 우리의 삶 속에 모든 선한 열매들이 자라나게 하기 위해 성령님이 행하셔야 할 일은 오직 이것뿐이다. 하나님이 우리 심령에 직접 역사하셔서서 그분의 탁월한 본성을 경험하게 하실 때, 다른 일들은 자연히 따라오기 마련이다. (이외에 필요한 일은 오직 우리 영혼의 본성적인 기능들을 유지해 주시는 것뿐이다.) 이처럼 신적인 존재의 지극히 사랑스러운 본성을 목도하거나 맛본 이들의 경우, 추가로 다른 자극이 주어지지 않더라도 하나님을 더 깊이 누리기를 늘 사모하게 된다. 그들은 그분이 베푸시는 복락 안에서 즐거워하며, 이 지극히 탁월하신 절대자가 기쁨과 영광을 얻으시기를 갈망하게 된다.[23]

누가복음 18장의 바리새인은 **자신의** 만족을 추구하며 하나님이 내리시는 **복**만을 구했다. 그러나 성령으로 거듭난 성도들은 **하나님을** 진심으로 기뻐하며, **그분** 안에서 만족을 찾는다.

복음주의 바리새인

그러면 이런 마음의 변화를 낳는 원인은 무엇일까? 에드워즈에 따르면, 당시의 대각성 운동을 주도한 핵심 진리는 바로 이신칭의 교리였다. 존 웨슬리를 비롯한 다른 이들도 이에 동의하면서, 영적 갱신과 부흥의 시기에는 늘 그리스도의 구원 사역과 거듭남에 관한 가르침이 강조되어 왔으며 앞으로도 그럴 것이라 언급했다. 그리고 우리는 요한복음 3장에서 이 두 가르침이 결합되는 것을 보게 된다. 여기서 예수님은 니고데모에게 거듭남의 필요성(1-13절)을 말씀하신 뒤, 곧이어 자신이 성취할 구속을 선포하셨다. "모세가 광야에서 뱀을 든 것 같이 인자도 들려야 하리니 이는 그를 믿는 자마다 영생을 얻게 하려 하심이니라. 하나님이 세상을 이처럼 사랑하사 독생자를 주셨으니 이는 그를 믿는 자마다 멸망하지 않고 영생을 얻게 하려 하심이라"(14-16절).

십자가에 달리신 예수님의 모습은 그분의 기이한 영광을 드러내는 동시에 우리를 향한 아버지 하나님의 사랑을 입증한다. 이때 우리는 자아를 기뻐하고 하나님을 두려워하던 데서 벗어나, 그분을 즐거워하며 죄를 피하는 이들이 된다. 이곳에서 우리는 하나님의 선하심과 자비를 맛보아 알게 된다. 장 칼뱅은 이렇게 언급한다. "하나님이 우리를 위해 예비해 두신 사랑을 체험할 때, 우리는 그분을 아버지로 모시고

115

바리새인들과 거듭남

깊이 사랑하며 따르게 될 것이다."²⁴ 우리가 하나님을 사랑하는 것은 그분이 먼저 우리를 사랑하셨기 때문이다(요일 4:19).

오늘날 많은 이들이 교회 안에 영적인 사랑이 식어 가고 공허한 분위기가 널리 퍼진 것을 보면서 탄식한다. 하지만 그 치료책을 찾을 때 실용적이고 피상적인 해답에 쉽게 의지하려는 유혹에 빠져서는 안 된다. 그저 그리스도인들의 행실 개선을 위한 도덕적 캠페인을 벌이는 것만으로는 문제의 핵심에 다가갈 수 없다. 오늘날의 교회 가운데 개혁의 큰 필요성이 있는 것은 분명하다. 하지만 참된 개혁은 성령님이 복음의 향유로 상한 심령을 치유하실 때 찾아온다. 이를 통해 우리 내면이 회복될 때, 우리의 외적인 행실 역시 변화되어 간다. 리처드 십스는 자신의 시대를 논하면서 이렇게 언급했다. "지난 100년을 돌아볼 때, 개혁의 시기에는 풍성한 성령의 역사와 함께 기쁨과 위로가 넘쳤다. 당시 그리스도인들은 평안한 마음으로 삶과 죽음을 맞이할 수 있었다. 그 이유는 무엇일까? **그리스도가 널리 전파되었기 때문이다.**"²⁵ 그리스도의 구속과 성령님이 이루시는 거듭남을 통해 드러나는 이 복음의 메시지는 그저 외부인들만을 위한 것이 아니다. 그 속에는 오늘날 교회의 갱신과 개혁을 위한 유일한 소망이 담겨 있다.

116

바리새인들과 하나님

5

당시 바리새인들이 저지른 모든 실수의 바탕에는 하나의 본질적인 문제가 자리 잡고 있었다. 예수님은 그 문제를 이렇게 요약하셨다. "이들은 사람의 영광을 하나님의 영광보다 더 사랑한다"(요 12:43, 사역).

예수님은 이 말씀을 통해, 그들의 근본 동기를 철저히 꿰뚫어 보셨다. 그들이 예수님의 주 되심을 믿고 고백하지 않았던 이유는 하나님보다 인간의 영광을 더 사랑했기 때문이다. 그런데 예수님이 의미하신 바는 정확히 무엇이었을까? 어떤 점에서 그 말씀은 상당히 모호하다. 이는 그들이 **하나님께로부터 오는** 영광보다 **사람들로부터 얻는** 영광을 더 사랑했다는 뜻일까? 아니면 **마땅히 하나님께 속하는** 영광보다 인간들 자신의 영광을 더 사랑했다는 의미일까? 나는 이 말씀에 두 의미가 모두 담겨 있다고 본다. 그들은 **하나님께로부터 오는** 영광보다 **사람들로부터 얻는** 영광을 더 사랑했으며, 이는 **마땅히 하나님께 속하는** 영광의 본성과 아름다움을 미처 깨닫지 못했기 때문이었다.

예수님은 이렇게 말씀하셨다. "나는 사람에게서 영광을 취하지 아니하노라"(요 5:41). 하지만 바리새인들은 사람들의 칭찬과 환호를 더 기뻐했다. 그들이 예수님을 믿지 못한 이유는 서로에게서 영광을 취하고 유일하신 하나님의 영광을

119

바리새인들과 하나님

구하지 않았기 때문이다(요 5:44). 그들은 다른 이들의 인정을 갈망했기에, 정작 하나님의 인정을 구하고 찾는 법을 잊어버렸다. 실제로 그들은 그분 자신을 아예 망각하고 말았다. 그들은 인기와 칭찬에 굶주린 채 주위 사람들에게 시선을 고정했기에, 감히 무리의 압박을 거슬러서 그리스도에 대한 믿음을 고백할 용기를 내지 못했다. 예수님은 이렇게 말씀하셨다. "그들의 모든 행위를 사람에게 보이고자 하나니 곧 그 경문 띠를 넓게 하며 옷술을 길게 하고 잔치의 윗자리와 회당의 높은 자리와 시장에서 문안받는 것과 사람에게 랍비라 칭함을 받는 것을 좋아하느니라"(마 23:5-7).

그들은 어떻게 영광의 주님보다 한낱 피조물인 사람들의 인정을 추구하는 편을 택했을까? 이렇게 써놓고 보면, 그 선택은 매우 어리석고 불합리해 보인다. 하지만 사실 그것은 우리가 날마다 택하는 길이며, 그 이유를 헤아리기는 어렵지 않다. 바리새인들이 (우리와 마찬가지로) 인간의 영광을 더 선호한 이유는 **그들의 눈에 하나님이 충분히 영광스럽게 보이지 않았기** 때문이다.

1677년, 헨리 스쿠걸은 『인간의 영혼 안에 있는 하나님의 생명』을 출간했다. 이는 약 50년 뒤 조지 휫필드에게 거듭남의 필요성을 깨우쳐 준 책이었다. 그는 이 책에서, 참된 신

120

앙은 그저 정통적인 견해나 도덕적 행실, 감정적인 흥분 상태 이상의 것이라고 역설했다.

[참된 신앙은] 하나님의 신적인 속성들을 기뻐하고 사랑하는 마음의 감각이다. 그리하여 우리 신자들은 하나님께 온전히 복종하며 자신을 내어 드린다. 우리는 무엇보다 그분을 기쁘시게 하려 하며, 그분과의 교제를 즐거워한다. 그리고 그분을 위해서라면 무엇이든 기꺼이 행하고 견딜 마음의 준비가 되어 있다.[1]

바리새인들에게는 이 "하나님의 신적인 속성들을 기뻐하고 사랑하는 마음의 감각"이 없었다. 대신에 그들은 스스로를 신뢰했다. 그들은 하나님이 행하시는 구속의 큰일이 필요함을 깨닫지 못했으며, 자신들의 마음속에 성령의 역사가 요구된다는 것도 알지 못했다. 그래서 그들은 그리스도 안에서 죄인들에게 베푸시는 자비를 통해 드러나는 하나님의 높고 거룩하신 영광을 헤아리지 못했다. 그들은 스스로를 큰 죄인으로 여기지 않았기 때문에 그리스도를 위대하신 구주로 고백하지 않았다. 그들은 하나님의 사랑이 얼마나 깊고 넓은지 몰랐기 때문에 다른 어딘가에서 사랑과 환대를 경험하려 했

바리새인들과 하나님

다. 하나님의 영광과 은혜를 우러러보는 대신, 그들은 주위를 내려다보는 편을 택했다. 그들은 자신들이 통달하려 애썼던 성경 본문을 내려다보고, 칭찬과 인정을 얻어 내려는 마음으로 주위 사람들과 경쟁자들을 내려다보았다. 그들은 하나님보다 그들 자신과 주위 사람들을 더 중요시했는데, 이는 그분이 별다른 일을 행하시지 않는 것처럼 보였기 때문이다. 그래서 그들은 창조주 하나님의 말씀을 무시하고 인간의 전통과 규칙을 떠받들었다.

바리새인들은 하나님의 영광을 보지 못했으므로 그들 자신의 영광을 더 중요시했다. 그리고 다른 이들에게서 더 많은 영광을 얻으려 했다. 그들은 영적인 근시안으로 인해 세속적 관점과 사람들을 기쁘게 하려는 욕망의 굴레에 갇혀 있었다. 그러니 그들이 기도와 말씀 묵상에서 기쁨을 얻지 못한 것도 당연하다. 그들은 그저 자신들의 거짓 경건과 정통성을 과시하는 데서 즐거움과 자기만족을 찾았으며, 우리가 하나님과의 만남을 통해 더 큰 기쁨을 누릴 수 있다는 것을 깨닫지 못했다.

이에 반해 하나님은 신자들의 참된 영광과 분깃이자 상급과 보물이 되신다. 아브라함은 "믿음으로 견고하여져서 **하나님께 영광을 돌[렸으며]**"(롬 4:20), 다윗은 이렇게 부르짖었

복음주의 바리새인

다. "여호와여, 주는 나의 방패시요 **나의 영광이시요** 나의 머리를 드시는 자이시니이다"(시 3:3). "나의 구원과 영광이 하나님께 있음이여"(시 62:7). 하나님은 자신의 백성에게 다음의 위대한 언약을 거듭 선포하셨다. "나는 너희의 하나님이 될 것이다." 바리새인들은 다른 곳에서 상급을 구했지만, 성도들은 이렇게 고백한다. "여호와는 나의 분깃이시니"(시 119:57). 바울은 이렇게 담대히 선언했다. "이제 내가 사람들에게 좋게 하랴 하나님께 좋게 하랴 사람들에게 기쁨을 구하랴 내가 지금까지 사람들의 기쁨을 구하였다면 그리스도의 종이 아니니라"(갈 1:10). 존 오웬은 이렇게 언급한다. "하나님의 영광을 믿음으로 바라보지 않는 자들은 그분을 알지 못한다. 그분께 예배할 때도 실상은 자신들이 고안해 낸 하나의 허상을 떠받들 뿐이다.…… 참된 믿음의 본질은 하나님께 합당한 영광을 돌리는 데 있다."[2] 『신국론』에서 아우구스티누스는 온 인류가 두 개의 '도성'으로 나뉜다는 유명한 말을 남겼다. 바로 지상의 도성과 천상의 도성이다.

> [이 두 도성은] 두 종류의 사랑으로 이루어져 있다. 지상의 도성은 자신을 사랑하기에 하나님을 경멸하는 데까지 나아간다. 그러나 천상의 도성에 속한 이들은 하나님을 사랑

바리새인들과 하나님

하기에 마침내 스스로를 경멸하게 된다. 한마디로 전자는 자신을 기뻐하고 자랑하지만, 후자는 주님을 높인다. 전자는 사람들에게서 영광을 구하지만, 후자는 양심의 증인이신 하나님께로부터 오는 영광을 가장 소중히 여긴다. 전자는 자신의 존귀함을 과시하면서 머리를 치켜들지만, 후자는 하나님을 향해 이렇게 고백한다. "주는 나의 영광이시요 나의 머리를 드시는 자이시니이다."[3]

어떤 이가 천국 백성인지 지상에 속한 자인지, 참된 신자인지 거짓 위선자인지는 그가 어디서 영광을 찾고 누리는지에 달려 있다.

보아도 깨닫지 못하는 이들

하나님의 영광이 **이미** 그들 앞에 계시되어 있었지만, 안타깝게도 그들은 그 사실을 깨닫지 못했다.

주님은 온 이스라엘 백성에게 자신의 영광을 보여주셨다(출 24:17, 레 9:23, 민 14:10, 대하 7:3).

구약의 율법은 하나님 영광의 빛을 어렴풋이 드러내고 있다. 그 가르침에 따르면 그분의 백성이 지켜야 할 크고 첫

124

복음주의 바리새인

째 되는 계명은 '온 마음과 목숨과 뜻을 다해 주 너의 하나님을 사랑하라'는 것이었다. 그리고 둘째 계명은 '네 이웃을 너자신같이 사랑하라'는 것이었다(마 22:36-39). 이것이 인간의 하나님 형상 됨을 보여주는 계명들임을 감안할 때, 여기서 우리는 사랑이 많으신 하나님의 본성에 관해 깊고도 아름다운 진리를 보게 된다. 우리가 살아계신 하나님을 닮아 가는 길은 **바로** "주 너의 하나님을 사랑하며", "네 이웃을 너 자신같이 사랑하는" 데 있다.

구약 율법에서 주님은 이스라엘 백성이 자신들의 거룩한 성품을 통해 그분의 어떠하심을 드러내야 함을 선포하셨다. "너희는 거룩하라. 이는 나 여호와 너희 하나님이 거룩함이니라"(레 19:2). 이 거룩함은 어떤 모습일까? 이는 우상들에게 절하지 않으면서 주님 앞에 화목제물을 가지고 나아오는 일이다(레 19:4-8). 이때 그들은 그분과 교제하면서 화평을 누리게 된다. 하나님은 "평강의 주"이시기 때문이다(살후 3:16). 또 그것은 가난한 자를 불쌍히 여기며 이웃에게 선하고 친절하게 대하는 일이다(레 19:10-16). 달리 말해 거룩함은 곧 이웃을 우리 자신처럼 사랑하는 데 있다. 이 모든 일의 **근거**에 놓인 것은 바로 다음의 말씀이다. "나는 여호와이니라"(레 19:18). 거룩함은 곧 사랑이다. "하나님은 사랑이[시기]" 때문

125

바리새인들과 하나님

이다(요일 4:8).

　바리새인들은 내적인 마음의 실상보다 외적인 행위를 더 중시했다. 그래서 그들은 주님의 율법에 담긴 깊은 사랑의 정신을 놓쳤다. 그들은 자신들이 마음을 다해 하나님을 사랑하도록 부름받았음을 깨닫지 못했으며, 그분의 본성 자체를 오해했다. 그들은 하나님이 이스라엘 백성을 속량하고 돌보신 일들을 통해 드러난 그분의 영광이 **어떤** 것이었는지 분별하지 못했다.

　주님은 자신이 은혜와 긍휼 베풀기를 기뻐하시는 분임을 분명히 말씀하셨다. 그분은 이스라엘 백성을 구속하신 이유를 알려 주셨는데, 이는 그들이 바르고 정직해서가 아니었다.

　여호와께서 너희를 기뻐하시고 너희를 택하심은 너희가 다른 민족보다 수효가 많기 때문이 아니니라. 너희는 오히려 모든 민족 중에 가장 적으니라. **여호와께서 다만 너희를 사랑하심으로 말미암아**, 또는 너희의 조상들에게 하신 맹세를 지키려 하심으로 말미암아 자기의 권능의 손으로 너희를 인도하여 내시되 너희를 그 종 되었던 집에서 애굽 왕 바로의 손에서 속량하셨나니(신 7:7-8).

복음주의 바리새인

하나님은 이사야 선지자를 통해, 그 백성에게 자신의 사랑을 상기시켜 주셨다.

그들의 모든 환난에 동참하사
　자기 앞의 사자로 하여금 그들을 구원하시며
그의 사랑과 그의 자비로 그들을 구원하시고
　옛적 모든 날에 그들을 드시며 안으셨으나(사 63:9).

그리고 예레미야를 통해 이렇게 말씀하셨다.

내가 영원한 사랑으로 너를 **사랑하기에**
　인자함으로 너를 이끌었다(렘 31:3).

성경은 이 하나님의 영광을 분명히 드러내지만, 바리새인들은 그것을 깨닫지 못했다. 누가복음 18장의 비유에서 언급되는 바리새인은 자신에게 하나님의 자비가 필요함을 헤아리지 못했으며, 심지어 그런 자비가 있다는 것조차 알지 못했다. 하나님의 영광스러운 자비와 은혜는 거의 그의 관심사 밖이었다. 그는 율법의 계명들을 지킬 자신의 능력을 신뢰했고, 그 능력을 발판 삼아 그분 앞에 당당히 나아갔다. 더

바리새인들과 하나님

욱이 그 계명들에 대한 그의 이해 자체도 피상적이었다. 그는 그저 그 계명들이 도덕성과 금식, 십일조의 외적인 관행하고만 연관되는 것처럼 여겼다. 달리 말해 그의 진정한 문제는 하나님의 본성과 성품을 오해한 데 있었다. 그는 신을 그저 거룩한 척 가장하는 차갑고 무자비한 존재로 이해했다. 그의 신은 기껏해야 조건적인 사랑을 베풀 뿐이었다. 그러니 그가 품은 경건의 개념이 완고하고 가혹했던 것도 이상하지 않다. 그 속에는 하나님에 관한 그릇된 생각이 담겨 있었기 때문이다. 이는 모든 위선자들의 경우에 마찬가지다. 그들은 자신들이 섬기는 신을 사랑하거나 그 임재 속에서 만족을 누리지 않지만, 그럼에도 그 신을 닮아 간다(그리고 살아 계신 하나님께로부터 점점 더 멀어진다). 그들은 자신이 경배하는 존재의 모습을 닮아 가며, 그로 인해 점점 더 교만하고 인색한 자들이 된다.

이 일은 바리새인들만의 문제가 아니었다. 하나님의 선하심과 아름답고 영광스러우심을 미처 깨닫지 못하는 허물은 모든 세대의 교회 가운데서 나타난다. 각 경우에, 이 허물은 하나님을 전심으로 즐거워하지 않는 사람들의 삶을 통해 자기 모습을 드러낸다. 아우구스티누스(354-430)는 행위 구원을 설파했던 수도사 펠라기우스에게서 이런 문제점을 감

128

복음주의 바리새인

지했다. 펠라기우스는, 우리가 지금까지 나쁜 일들을 행해 왔다는 것이 문제의 핵심이며 천국에 들어가려면 다시 선한 일들을 시작해야 한다고 주장했다. 아우구스티누스에 따르면 펠라기우스의 **근본** 문제는 그의 구원관보다도 그릇된 신관에 있었다. 펠라기우스가 구원을 잘못 이해한 것은 하나님의 성품을 바르게 알지 못했기 때문이다. 그는 하나님의 영광스러운 사랑과 긍휼을 깨닫지 못했으며, 그분이 친히 우리 신자들의 영광과 보물이 되신다는 것도 헤아리지 못했다. 그 결과, 그는 하나님과의 **교제**를 누리려 하지 않았다. 그는 그분을 그저 선행의 대가로 우리에게 천국 입장권을 나눠 주는 일종의 문지기같이 여기고 **이용했을** 뿐이다.

복되신 하나님의 영광의 복음

하나님의 영광보다 사람의 영광을 더 사랑하는 것은 인간의 보편적인 약점이다. 우리는 자신의 내면에서 그것을 감지하며, 주위에서도 종종 목도하게 된다. 이 일에서 우리에게는 어떤 소망이 있을까? 오직 "복되신 하나님의 영광의 복음"뿐이다(딤전 1:11). 우리는 복음을 통해 "우리 주 예수 그리스도의 영광을 얻게" 된다(살후 2:14). 복음이야말로 하나님의

바리새인들과 하나님

영광에 대한 가장 심오한 계시이기 때문이다. 우리는 그 안에서 하나님의 경이롭고 탁월한 아름다움을 보며, 이는 인간의 모든 영광보다 더 깊은 만족감을 가져다준다. 그것은 "**그리스도의 영광**의 복음"이며, 이를 통해 우리는 "예수 그리스도의 얼굴에 있는 하나님의 영광을 아는 빛"을 누린다(고후 4:4-6).

이 마지막 구절에 핵심 진리가 담겨 있다. 복음을 통해 하나님의 영광이 계시되는 이유는 그것이 예수 그리스도에 관한 좋은 소식이기 때문이다. 그분의 영광은 "예수 그리스도의 얼굴" 안에서 환히 빛난다. 요한은 이렇게 진술한다. "우리가 그의 영광을 보니 아버지의 독생자의 영광이요 은혜와 진리가 충만하더라"(요 1:14). 예수님은 "하나님의 영광의 광채시요 그 본체의 형상"이시다(히 1:3). 그분은 "보이지 아니하는 하나님의 형상"이시다(골 1:15). 예수님은 그저 하나님의 어떠하심을 충실히 반영하는 존재에 그치지 않는다. 그분 자신이 하나님이며 "영광의 주"이시기 때문이다(고전 2:8). 예수님은 성부 하나님의 깊은 본질을 공유하시는 이로서, 그분의 영광을 온전히 드러내신다. 그래서 예수님은 다음과 같이 선포하셨다. "나를 본 자는 아버지를 보았[다]"(요 14:9).

시내산에서 모세는 하나님께 이렇게 간구했다. "주의 영

복음주의 바리새인

광을 내게 보이소서." 주님은 다음과 같이 응답하셨다. "내가 내 모든 선한 것을 네 앞으로 지나가게 하고 여호와의 이름을 네 앞에 선포하리라. 나는 은혜 베풀 자에게 은혜를 베풀고 긍휼히 여길 자에게 긍휼을 베푸느니라." 그분은 또 이렇게 말씀하셨다. "[그러나] 네가 내 얼굴을 보지[는] 못하리니"(출 33:18-20). 예수 그리스도의 얼굴을 통해 하나님의 영광이 계시될 때, 모세의 간구가 우리 삶 속에서 마침내 이루어진다. 예수님 안에는 영원한 생명이 있으며, 이 생명은 늘 성부 하나님 안에 거하다가 마침내 우리에게 드러난 바 되었다(요일 1:2). 그리하여 우리는 마침내 주님이 선포하신 다음의 말씀에 담긴 의미를 온전히 깨닫게 된다. "[나는] 자비롭고 은혜롭고 노하기를 더디 하고 인자와 진실이 많은 하나님이라. 인자를 천대까지 베풀며 악과 과실과 죄를 용서하리라. 그러나 벌을 면제하지는 아니하고"(출 34:6-7).

그리스도의 얼굴에서 빛나는 하나님의 영광은 대다수의 사람들이 기대하던 것과 다르다. 거기에서는 세상의 힘과 위엄이 아닌 하나님의 약함과 어리석음이 드러난다. 이에 관해 성경은 다음과 같이 선포한다. "유대인에게는 거리끼는 것이요 이방인에게는 미련한 것이로되"(고전 1:23). 예수님은 당시 모든 사람들의 예상을 뒤엎고 이렇게 말씀하셨다. "너

바리새인들과 하나님

희가 인자를 든 후에 내가 그인 줄을 알고"(요 8:28). 주님의 본성이 가장 찬란히 빛나는 영광의 "때"는 바로 그분이 십자가에 달려 숨을 거두시는 순간이었다(요 12:23-33). 주님의 십자가는 "섬김을 받으려 함이 아니라 도리어 섬기[러 온]" 메시아의 모습을 보여주었으며, 이를 통해 참된 영광의 의미가 새롭게 드러났다(막 10:45).

바리새인들은 자신들의 영광을 다른 이들에게서 얻는 일종의 명성과 영예로 생각했다. 그러니 그들이 하나님을 기쁨의 근원이기보다는 깊은 늪이나 수렁 같은 분으로 여겼던 것도 이상하지 않다. 만약 하나님이 그들처럼 인간에게서 무언가를 **얻어 내려는** 목적으로 모든 일을 행하신다면, 우리에게 그분의 임재는 하나의 무거운 짐으로 다가올 수밖에 없다. 이때 그분을 닮는 것은 곧 사람들에게서 얻는 영광을 사랑하는 일이 된다. 하지만 예수님은 거듭 이렇게 말씀하셨다. "나는 내 영광을 구하지 **아니[한다]**"(요 8:50; 5:41). 실제로 그분은 다음과 같이 선포하셨다. "내가 내게 영광을 돌리면 내 영광이 아무것도 아니거니와 **내게 영광을 돌리시는 이는 내 아버지시니**"(요 8:54). 하나님의 영광 그 자체이셨던 주님은 사람들에게서 오는 영광에 집착하지 않으셨다. 그분은 성부 하나님이 주시는 신적인 영광을 누리셨으며, 특히 많

복음주의 바리새인

은 열매를 맺게 될 **자기희생의 죽음을 통해** 그 영광을 얻으셨다(요 12:23-24). 우리는 "[그리스도의] 은혜의 풍성함"(엡 1:7) 가운데서 "그의 영광의 풍성함"을 보게 된다(엡 3:16). 주님이 소유하신 것은 탐욕스럽게 자신을 뽐내려 하는 자의 영광이 아니었다. 오히려 그분의 존재 가운데서는 "영광의 아버지"께 속한 광채가 환히 빛난다(엡 1:17). 주님은 진실로 생명과 복이 충만하신 분이기에, 친히 그 영광을 **발산하신다.** 그분의 영광에는 부족함과 결핍이 전혀 없으며, 그것은 충만한 생명의 원천이 된다. 우리 죄악 된 인간들은 '영광'을 곧 궁핍한 이들을 외면하면서 자기만의 유익을 구하는 일과 동일시한다. 하지만 이와 정반대로, 십자가에 못 박히신 그리스도의 모습 속에서 우리는 어둠 가운데 밝은 빛을 비추시는 하나님의 신적인 영광을 보게 된다. 그것은 우리 무력하고 쓸모없는 죄인들에게 선을 **베푸시며** 생명과 의를 내려 주시는 영광이다. 마르틴 루터에 따르면, 주님의 십자가에서 우리는 다음의 모습을 목도한다.

> 우리는 하나님의 사랑이 흘러나와 죄인들에게 선을 베푸는 모습을 본다. 이는 그분 자신의 유익을 구하지 않는 사랑이다. 우리 죄인들이 그분 앞에서 매력적인 존재가 되는

바리새인들과 하나님

것은 바로 이 사랑을 입기 때문이다. 우리가 매력적이어서 그 사랑을 얻는 것이 아니다.……그리스도는 이렇게 말씀하신다. "나는 의인을 부르러 온 것이 아니요 죄인을 부르러 왔노라"(마 9:13). 이것이 주님의 십자가에 담긴 사랑이다. 그 사랑은 자신의 유익과 만족을 추구하지 않고, 악하고 궁핍한 자들에게 선을 베풀려는 마음으로 움직인다.[4]

여기에 나약한 죄인과 우상 숭배자들이 추구하는 초라하고 탐욕스러운 세상의 영광보다 무한히 더 사랑스러운 하나님의 영광이 있다. 하나님이 이처럼 놀랍도록 아름다우신 분이리라고는 아무도 상상하지 못했을 것이다. 바리새인들은 매일 성경을 연구하면서도 이 진리를 깨닫지 못했다. 죄인들의 친구이신 그리스도의 얼굴에서는 버림받고 무력한 죄인들을 향한 긍휼과 환대의 빛이 드러나며, 우리는 그분 앞에서 하나님의 영광이 얼마나 선하고 아름다운지 조금씩 헤아리게 된다. 예수님은 이렇게 말씀하셨다. "너희가 인자를 든 **후**에 내가 그인 줄을 알[리라]"(요 8:28). 그때 우리는 사람의 영광보다 하나님의 영광을 더 사랑하게 된다.

잉글랜드의 종교개혁자 토머스 크랜머에 따르면, 오직 그리스도를 통해 얻는 구원의 교리는 "그분의 참된 영광을

복음주의 바리새인

높이 드러내며 인간의 헛된 영광을 무너뜨린다."[5] 십자가에
못 박히신 그분의 얼굴에서, 우리는 인간의 죄가 얼마나 깊
고 두려우며 하나님의 자비가 얼마나 넓고 풍성한지를 보게
되기 때문이다. 이때 우리는 스스로의 힘으로 하나님 앞에서
바른 상태에 이를 수 없음을 알게 된다. 우리는 그분과의 관
계에 아무것도 기여하지 못한다. 그러므로 우리는 자기 모습
을 다른 이들과 비교하면서 오만하게 뽐낼 수 없다. 혹시 그
렇게 할 경우, 이는 주님의 십자가에서 나타난 우리 죄의 실
상을 전혀 깨닫지 못하고 있음을 보여줄 뿐이다. 만약 우리
가 충분히 자랑할 만한 존재였다면, 무엇 때문에 그리스도께
서 죽으셔야 했겠는가? 그러나 십자가에 달리신 그분의 얼
굴에서, 우리는 진실로 영광스러운 하나님의 의와 자비가 드
러나는 모습을 보게 된다. 그곳에서 주님이 우리를 대신해서
죽으셨음을 깨달을 때, 우리는 그분의 깊고 풍성한 긍휼을
알게 된다. 그 십자가에서 드러나는 것은 바리새인들이 섬겼
던 '신'의 무미건조하고 인색한 '영광'이 아니다. 우리는 그
곳에서 우리의 온 마음을 사로잡는 하나님의 위대한 사랑과,
모든 인간적인 영광의 유혹을 초월하는 그분의 유일하고 참
된 영광을 보게 된다.

하지만 바리새인들은 우리가 다 죽어 마땅한 죄인이라

바리새인들과 하나님

는 십자가의 강력한 판결을 거부했다. 그들은 죄인들에게 하나님이 베푸시는 자비의 풍성함을 맛보지 못했으며, 그분의 영광이 얼마나 아름다운지도 헤아리지 못했다. 그들에게 그리스도의 십자가는 어리석은 광경으로 남아 있었을 뿐이다. 그들은 그분을 비웃으면서 그 위에서 내려와 보라고 소리쳤다(막 15:29-32). 바리새인들은 영광의 주님을 버리고 세상의 칭찬과 지위를 누리는 편을 택했다. 이는 우리가 그리스도의 영광 대신에 자신의 영광을 추구할 때 늘 나타나는 모습이다. 마르틴 루터는 이렇게 말했다. "심한 고난과 악을 통해 꺾이고 무너지지 않는 한, 인간은 우쭐대며 자신의 선행을 자랑할 수밖에 없다. 그는 그런 고난과 악을 겪은 후에야 자기가 무가치하며 자신의 선한 행실은 모두 하나님께로부터 온 것임을 깨닫는다."[6] 주님의 십자가 앞에 설 때, 우리는 진실로 낮아지며 하나님의 영광을 기뻐하게 된다. 그때 "자랑하는 자는 주 안에서 자랑하라"(고전 1:31)는 성경의 가르침이 마침내 우리 안에서 이루어진다.

하나님의 아름다우심에 담긴 비밀

하나님의 영광은 인간이나 다른 어떤 신의 영광과는 다

복음주의 바리새인

르다. 그 영광을 아는 참된 지식은 오직 예수 그리스도의 얼굴에서 드러난다. 이때 우리가 보는 것은 "아버지의 독생자의 영광"이다(요 1:14). "예수께서 하나님의 아들 그리스도이심을 믿[을]" 때(요 20:31), 우리는 그분이 성령으로 기름 부음받았으며 성부 하나님이 그분의 아버지이심을 고백하게 된다. 이때 우리는 삼위일체 하나님 앞에 나아오는 것이다.

예수님이 하나님의 영광을 드러내실 수 있는 것은 **바로** 그분의 존재를 통해 삼위일체 하나님이 계시되기 때문이다. 성경에서 하나님의 영광은 하나의 광채 또는 환한 빛으로 묘사된다. 한 예로 에스겔이 그분의 영광을 목도했을 때, 그는 "사람의 모양 같[은]" 형상(겔 1:26)의 주위에 **온통 광채가 가득한 모습**을 보았다. 이는 곧 "여호와의 영광의 형상"이었다(28절, ESV). 하박국은 이렇게 언급했다. "그의 광명이 햇빛 같고"(합 3:4). 예수님이 나신 날 밤, 주님의 영광이 베들레헴 바깥의 양치기들을 두루 **비추었다**(눅 2:9). 그리고 새 예루살렘에는 "해나 달의 비침이 쓸 데 없으니 이는 하나님의 영광이 **비치고** 어린 양이 그 등불이 되[시기]" 때문이다(계 21:23). 그런데 예수님이 계시하시는 하나님이 영원히 성자를 낳으시며 생명을 주시는 성부가 **아니라면**, 그분은 본질적으로 **생명과 빛이 충만하신** 하나님이 되실 수 없을 것이다. 그때 그분은

137

바리새인들과 하나님

풍성한 생명의 원천이 되지 못하며, **진정한 영광**을 누리시지 못할 것이다.

4세기의 신학자였던 니사의 그레고리우스는 성자 예수님에 관해 이렇게 언급했다.

> 이런 이유에서 바울은 또한 그분을 "영광의 광채"라고 부른다. 이는 등잔에 일렁이는 불꽃이 환한 빛과 하나로 긴밀히 결합하듯이(우리는 등잔의 불이 켜질 때 곧바로 그 빛을 보게 된다), 성자가 성부께로부터 나왔으며 성부 역시 성자 없이 계시지 않는다는 것을 일깨우기 위함이다. 등잔의 불꽃이 그 빛과 분리될 수 없듯이, **하나님의 영광도 그 광채가 없이 존재할 수는 없다.**[7]

이 "성자 없이 계시지 않는" 성부 하나님만이 본질적인 광채를 드러내실 수 있다. 오직 이 하나님만이 다른 신들의 특징인 공허한 궁핍과 탐욕스러운 요구에서 자유로우신 분이다. 그분만이 풍성하고 환한 빛을 비추시며 기꺼이 자신을 내어 주신다. **바로 이 삼위일체 하나님만이 참된 영광을 소유하시는 것이다.**[8] 칼 바르트는 이렇게 언급했다.

복음주의 바리새인

하나님이 소유하신 아름다움의 핵심에는 그분의 삼위일체 되심이 있다. 이 속성을 부인하면, 하나님은 기쁨과 광채가 없으며(유머도!) 참아름다움이 없으신 분이 된다. 반대로 우리가……한 분 하나님이 성부와 성자, 성령이심을 고백할 때, 우리는 그분이 (전반적으로나 세부적인 측면 모두에서) 진실로 아름다우시다는 사실 역시 시인하게 된다.[9]

하나님의 영광과 아름다움이 없을 때, 우리는 바리새인들과 마찬가지로 따스하고 매혹적인 광채를 소유하지 않은 신을 섬기게 된다. 그 신의 거룩함은 그저 초월적인 냉담함처럼 보일 것이다. 이때 우리는 천국에 들어가기 위해 그분을 이용할 뿐, 그분 자신과의 교제를 기뻐하지는 않는다. 어쩌면 그분이 아예 계시지 않는 편이 더 낫게 여겨질 것이다. 그리고 사람들의 칭찬과 환호를 통해 얻는 영광이 훨씬 실질적이고 매력적인 것으로 다가온다.

이 모든 논의는 '하나님'과 그분의 '영광'에 관해 그저 일반적인 이야기들을 늘어놓는 것만으로는 충분하지 않음을 보여준다. 바리새인들은 그런 개념들을 거론하면서도, 여전히 자신들의 영광에 더 깊이 집착하고 있었다. 칼뱅은 이렇게 언급한다. "사람들은 뻔뻔한 교만에 가득 차서, 그들 자

바리새인들과 하나님

신의 입맛대로 신을 상상하려 든다. 그들은 게으르게 행하면서 가장 비열한 무지에 압도되어, 하나의 공허하고 비현실적인 존재를 '하나님'으로 간주한다."[10] 그 위선에서 벗어날 소망은 오직 "우리 주 예수 그리스도의 하나님, 영광의 아버지"께 있다(엡 1:17). 우리는 예수 그리스도의 얼굴에서 그분의 매혹적인 광채를 보게 된다. 성경의 목표는 오직 온전한 구주이신 그분께 있으며, 우리는 그분의 얼굴에서 우리가 누리도록 지음 받은 참된 보화를 비로소 발견한다.

주님을 바라보는 이들은 환히 빛난다

민수기 6장에서 주님은 자신이 이스라엘 백성에게 **어떻게 복을 베푸실지**를 모세에게 말씀하셨다. 그 방법은 곧 **그분의 얼굴을 그들 위에 영광스럽게 비추시**는 것이었다.

여호와께서 모세에게 말씀하여 이르시되 아론과 그의 아들들에게 말하여 이르기를 너희는 이스라엘 자손을 위하여 이렇게 축복하여 이르되

여호와는 네게 복을 주시고 너를 지키시기를 원하며

여호와는 그의 얼굴을 네게 비추사 은혜 베푸시기를 원하며

복음주의 바리새인

여호와는 그 얼굴을 네게로 향하여 드사 평강 주시기를 원하노라 할지니라 하라.

그들은 이같이 내 이름으로 이스라엘 자손에게 축복할지니 내가 그들에게 복을 주리라(민 6:22-27).

위선은 본질적으로 영적인 공허함을 은폐하는 일이다. 그것은 영적인 충만함에서 나오는 거룩한 광채와는 정반대되는 성격을 띤다. 위선은 우리 자신의 내적인 결핍에서 비롯되므로 우리는 그것을 스스로 치유할 수 없다. 그것은 인간의 노력이나 자기 개선의 기법을 통해 해결될 수 있는 문제가 아니다. 그 해독제는 오직 우리의 바깥에서 발견되는데, 이는 바로 모세처럼 "주께로 돌아가[서]" 그분과의 교제를 누리고 "주의 영광을 보[며]" 우리 자신이 그분의 빛나는 형상으로 변화되어 가는 데 있다(고후 3:16-18). 주님을 우러러보는 이들은 환한 광채를 발산하며(시 34:5), 자신들의 텅 빈 내면이 채워지고 얼굴에서 빛이 나는 것을 경험하게 된다.

헨리 스쿠걸은 그 이유를 이렇게 설명한다.

[참된 종교 가운데는] 하나님의 신적인 속성들이 반영되어 있다. **이때 전능자의 형상이 신자들의 영혼 속에서 환히 빛나**

141

바리새인들과 하나님

며, 그들은 실제로 그분의 본성에 참여하게 된다. 참된 신앙은 영원한 빛의 줄기이며, 무한한 은총의 바다에서 흘러나온 하나의 물방울이다. 이 은총을 입은 이들의 경우에는 "하나님이 그 영혼 속에 거하시며", "그리스도께서 그 안에 내주하신다."[11]

성도들이 공허한 탐욕에서 해방되어 충만한 생명을 누리며 광채를 낼 수 있는 이유는 여기에 있다. 영광스러우신 성부 하나님의 빛과 형상이 그들 안에서 드러나기 때문이다. 우리는 이렇게 간구한다. "여호와여, 주의 얼굴을 들어 우리에게 비추소서"(시 4:6). "하나님이여, 우리를 돌이키시고 주의 얼굴빛을 비추사 우리가 구원을 얻게 하소서"(시 80:3). 시편 기자는 다음과 같이 노래한다.

즐겁게 소리칠 줄 아는 백성은 복이 있나니
여호와여, 그들이 주의 얼굴 빛 안에서 다니리로다.
그들은 종일 주의 이름 때문에 기뻐하며
주의 공의로 말미암아 높아지오니(시 89:15-16).

이 모든 일은 그저 우리가 보는 바가 우리의 내면을 결

복음주의 바리새인

정한다는 사실을 보여준다. 그것이 좋든 나쁘든 간에, 우리 마음을 차지하는 것이 곧 우리의 인격과 삶을 형성한다. 추악한 것들을 훔쳐보든, 화려한 것들을 갈망하든, 혹은 그리스도를 우러르든 간에, 우리는 자신이 바라보는 그 대상을 닮아 가게 된다. 아우구스티누스는 『고백록』에서 벗 알리피우스의 이야기를 들면서 우리 영혼을 변화시키는 이 바라봄의 힘을 생생히 묘사한다. 당시 알리피우스는 주위 사람들의 강권 때문에 마지못해 경기장의 검투 경기를 보러 가게 되었다. 그런데 그곳에서 우연히 보게 된 광경은 그의 온 영혼을 바꿔 놓았다.

그들이 경기장에 도착해서 자리를 잡고 앉았을 때, 그곳의 모든 군중이 잔인한 쾌감에 도취되어 있었다. 그는 자기 마음이 그런 악에 물드는 것을 피하려고 눈을 질끈 감았다. 하지만 두 귀도 막았다면 얼마나 좋았을까! 치열한 혈투가 벌어지던 도중에, 갑자기 온 관중의 거대한 함성이 터져 나왔다. 이에 그는⋯⋯눈을 뜨고 말았다.⋯⋯피 흘리는 검투사의 모습을 보는 순간, 그는 잔인한 쾌감에 사로잡혔다. 이제 그는 광기 어린 시선으로 그 광경에 몰두하고 있었다. 자신이 무엇을 하고 있는지도 미처 의식하지 못한 채, 그는

바리새인들과 하나님

그 사악한 경기에 열중하면서 피비린내 나는 쾌락을 탐닉했다. 이제 그는 더 이상 어쩌다가 군중 속에 섞이게 된 사람이 아니었다. 그는 그 광경을 즐기는 무리의 일원이었으며, 자신을 그곳에 데려온 이들의 진정한 벗이 되었다. 무슨 말이 더 필요하겠는가? 그는 열띤 흥분에 차서 고함을 지르면서 계속 그 경기를 관람했다. 이후 경기장을 나올 때도 그 광기는 그의 마음속에 여전히 남아 있었으며, 그는 그곳을 계속 찾게 되었다.[12]

이때 알리피우스는 그 광경을 **보고 난 다음에** 자신의 갈망을 그에 맞게 애써 변화시키려 했던 것이 아니다. 그 바라봄의 경험 자체가 즉시 그런 효과를 낳았다.

이는 우리가 그리스도를 기뻐하며 바라볼 때도 마찬가지다. 결국 그분은 "경건의 비밀"이시다(딤전 3:16). 청교도 월터 마셜은 이에 관해 『성화의 신비』라는 책을 썼다. 그에 따르면, 많은 이들이 그리스도인의 삶을 고되고 불편한 일로 여긴다. 그들이 이런 오해에 빠지는 이유는 경건의 비밀을 알지 못하기 때문이다. "이것은 실로 심오한 비밀이다. 그래서 우리는 이미 모든 복음의 빛을 받았으면서도, 여전히 스스로의 힘으로 거룩한 성품을 회복해야 한다고 믿곤 한다."[13]

복음주의 바리새인

그 결과, "진지한 열심을 지닌 많은 이들이 자신의 힘으로 부패한 본성과 죄악 된 정욕을 극복하며 거룩한 마음의 태도를 갖추려고 안간힘을 쓴다."[14] 하지만 이것은 마치 부싯돌에서 기름을 짜내려고 애쓰는 일과 같다. 영적인 온전함은 본성상 우리 자신의 힘으로 얻어 내는 것이 아니기 때문이다. 우리는 그리스도 안에 있는 **의**로 의롭다 함을 얻고, 그분 안에 있는 **거룩함**으로 성화되어 간다. 예수 그리스도는 우리의 의와 거룩함이 되시는 분이다(고전 1:30). 우리는 유일한 원천이신 그리스도께로부터 영적인 생명을 **받아 누려야만** 한다. 우리가 주님을 소유하고 누릴 때, 비로소 그분을 닮아 갈 힘을 얻게 된다.

바리새인들은 자기 삶과 행실을 늘 살피면서도 하나님의 영광을 우러러보지는 않았다. 이는 그들 자신의 힘에 의존했음을 뜻한다. 하지만 우리는 오직 주님의 영광을 바라볼 때, 그분의 형상으로 변화하며 영광에서 영광으로 나아가게 된다(고후 3:18). 그때 전능자의 형상이 우리 영혼 가운데서 빛나며, 죄의 실체를 알고 그것에 맞서 싸우게 된다. 주님의 참모습을 볼 때, 우리는 마침내 그분을 닮아 가게 된다(요일 3:2).

데이비드 베빙턴은 복음주의 신앙의 네 가지 주요 특

145

징 중 하나가 **활동 지향성**(activism)이라는 유명한 주장을 남겼다. 그의 이 말은 거의 옳았으며, 그 주장은 그 운동에 대한 부정적인 비판의 의도를 담고 있지 않았다. 복음의 백성은 소명을 좇는 이들이다. 우리는 잃어버린 자들이 구원받고 하나님의 영광이 온 세상을 가득 채우는 모습을 보게 되기를 갈망한다. 이 활동 지향성이 그 자체로 문제인 것은 아니지만, 그 속에는 우리의 주의를 산만하게 만들 수 있는 하나의 위험한 경향이 자리 잡고 있다. 이는 그런 활동들이 우리를 그리스도께로부터 멀어지게 할 수 있기 때문이다. 여러 일에 분주히 몰두하는 동안, 우리는 자칫 자기 마음속에 "사랑이 없[다]"(고전 13:1-3)는 사실을 간과할 수 있다. 그래서 오스왈드 챔버스는 이렇게 경고했다. "예수 그리스도를 향한 충성심을 흐트러뜨리는 모든 것을 조심하십시오. 주님에 대한 헌신의 가장 큰 경쟁자는 그분을 섬기는 우리 자신의 활동입니다."[15]

이에 대한 해결책은 무엇일까? (그저 외적인 증상들을 무마하는 데 그치지 않고) 문제의 근원을 다루려면, 치료법은 단 하나뿐이다. 존 오웬은 이를 다음과 같이 설명한다.

여러분은 자기 심령 속에서 **은혜가 쇠퇴한** 결과로 영적인

복음주의 바리새인

죽음과 냉담함, 미지근함, 일종의 어리석음과 무감각이 닥쳐오는 것을 경험하는가? 여러분은 적절한 시기에 역사하여 우리로 그분과의 교제를 누리게 하는 하나님의 은혜를 받을 준비가 아직 되어 있지 않은 자신의 모습을 깨닫는가? 그리고 여러분 자신의 영혼이 이 위험한 질병들에서 벗어나기를 바라는가? 우리의 치유와 구원을 위해서는 이보다 더 나은 길이 없음을 확신해야 한다. 이는 믿음으로 그리스도의 영광을 새롭게 바라보며, 꾸준히 그 안에 거하는 것이다. 우리가 나아갈 길은 오직 이것뿐이다. 이 일에서는 그리스도와 그분의 영광을 묵상함으로써 우리 안에서 모든 은혜의 역사가 소생하게 하는 것만이 유일한 해답이다.[16]

온갖 실용적인 해결책을 늘어놓는 현대의 목록들에 견줄 때, 이 권면은 다소 단순하게 여겨질 수 있다. 좀 더 '강력한 무언가'가 필요하지 않을까? 하지만 여기서 다루는 것이 우리 마음의 문제임을 기억해야 한다. 우리 마음을 어떤 기법이나 외적인 실천으로 바꿔 놓을 수는 없다. 문제의 핵심은 이렇다. 우리는 인간의 영광과 하나님의 영광 중에 어떤 것을 더 사랑하는가? "너희 보물 있는 곳에는 너희 마음도 있

바리새인들과 하나님

으리라"(눅 12:34).

솔리 데오 글로리아

때로 복음주의가 너무 인간 중심적이라는 비판이 제기되어 왔다. 실질적인 면에서 볼 때, 그 지적은 안타깝게도 사실이다. 때로는 스스로를 '복음주의자'로 지칭하는 이들이 복음에서 너무 벗어났기 때문에 그런 현상이 나타났다. 우리는 자칫 복음을 그저 다양한 논의의 주제 중 하나로 여기기 쉽다. 우리는 하나님의 경륜 전체를 살피는 동안, 기독교의 여러 진리를 전부 똑같이 중요하게 취급하곤 한다. 그리하여 성경 자체의 강조점을 인식하고 분별하지 못하게 된다. 그리고 때로는 현재의 시급한 사안들을 복음의 메시지와 혼동하거나, 복음의 메시지 자체를 오해하고 잘못 해석하기도 한다.

우리가 복음을 진실히 따르기 위해서는 **하나님 중심적인** 태도가 요구된다. 그것은 결국 "복되신 하나님의 영광의 복음"이다(딤전 1:11). 어떤 진리도 하나님이 계시하신 말씀보다 더 높지는 않으며, 그리스도께서 이루신 구속의 사역에는 인간의 어떤 행위도 덧붙여질 수 없다. 그리고 성령님이 행하시는 거듭남의 사역이 없이는 아무 소망이 없다. 이 계시와

148

복음주의 바리새인

구속, 거듭남이 없다면, 참된 하나님의 영광을 도저히 알 길이 없다. 그리고 복음은 그저 우리에게 계시와 구속, 거듭남의 추상적인 유익을 제시하는 데 그치지 않는다. 만약 그랬다면, 우리는 쉽게 우상 숭배자가 되어 버렸을 것이다. 우리는 성경과 죄 사함, 성령의 은덕들을 누리는 동안에도 여전히 인간 중심적인 상태에 머물 수 있다. 이때 복음은 그저 여러 주제 중 하나로서 잠시 다루고 음미한 후에 넘겨 버릴 사안이 된다. 하지만 우리가 실제로 복음에서 대면하는 것은 **성부 하나님의** 계시와 **성자 하나님의** 구속, 그리고 **성령 하나님에 의한** 거듭남이다. 복음은 우리 앞에 살아 계신 하나님의 영광을 아는 지식의 빛을 비춘다. 그분은 말씀하시는 하나님이시며, 자비롭고 은혜로우신 하나님, 사랑이 충만하며 우리의 외모보다 중심을 더 깊이 살피시는 하나님이시다. 복음은 우리로 **그분을** 기뻐하며 누리도록 인도한다.

그리스도의 얼굴에 나타난 하나님의 영광은 늘 교회의 개혁과 갱신을 인도하는 길잡이였다. 그리스도인들이 하나님을 실로 풍성하고 존귀하며 아름다우신 분으로 알고 경배할 때, 그들의 영혼이 각성해서 많은 열매를 맺곤 했다. 그들에게는 이 세상만으로 충분하지 않았다. 예수 그리스도의 광채에 비길 때, 세상의 영광과 찬사는 힘없이 빛을 잃을 뿐이

바리새인들과 하나님

었다.

　사랑이 없는 바리새주의 정신은 이제껏 우리 주위에 자만심과 인간 중심적이며 당파적인 성향의 폐해를 퍼뜨려 왔다. 하지만 여전히 소망이 있다. 그것은 바로 "그리스도의 영광의 복음"이 주는 소망이다(고후 4:4). 이제 우리가 눈을 들어 주님을 바라볼 때, 다음의 은총이 임하기를 간절히 기도한다.

　여호와는 네게 복을 주시고 너를 지키시기를 원하며
　여호와는 그의 얼굴을 네게 비추사 은혜 베푸시기를 원하며
　여호와는 그 얼굴을 네게로 향하여 드사 평강 주시기를 원하노라(민 6:24-26).

복음주의 바리새인

주

1. 누룩을 주의하라

1. J. C. Ryle, *Warnings to the Churches* (Edinburgh: Banner of Truth, 1967), 51. (『거짓에 속고 있는 교회에게』지평서원)
2. C. H. Spurgeon, "The Touchstone of Godly Sincerity," in *The Metropolitan Tabernacle Pulpit Sermons*, vol. 17 (London: Passmore & Alabaster, 1871), 206.
3. C. S. Lewis, *Mere Christianity* (Glasgow: Collins, 1955), 92. (『순전한 기독교』홍성사)
4. 여기서 나는 주로 '바울에 대한 새 관점' 학파를 염두에 둔다.
5. Sinclair B. Ferguson, *The Whole Christ: Legalism, Antinomianism, and Gospel Assurance—Why the Marrow Controversy Still Matters* (Wheaton, IL: Crossway, 2016), 85. (『온전한 그리스도』디모데)
6. John Calvin, *Institutes of the Christian Religion*, 2 vols., ed. John T. McNeill, trans. Ford Lewis Battles, Library of Christian Classics (Philadelphia: Westminster, 1960), 3.2.10. (『기독교강요』CH북스)
7. 같은 책, 3.2.12.
8. 이 요소들에 대한 자세한 논의로는 Michael Reeves, *Gospel People: A Call for Evangelical Integrity* (Wheaton, IL: Crossway, 2022)를 보라. (『복음의 사람들』복 있는 사람)
9. Richard Baxter, *The Reformed Pastor* (Edinburgh: Banner of Truth, 1974), 211. (『참된 목자』크리스천다이제스트)
10. Jonathan Edwards, *The Great Awakening*, ed. C. C. Goen, vol. 4 of *The Works of Jonathan Edwards* (New Haven, CT: Yale University Press, 2009), 113, 117, 149. (『부흥론』부흥과개혁사)

2. 바리새인들과 계시

1. C. S. Lewis, *Surprised by Joy* (London: Geoffrey Bles, 1955), 130. 강조는 저자의 것. (『예기치 않은 기쁨』홍성사)
2. Alfred Edersheim, *The Life and Times of Jesus the Messiah*, vol. 2 (London:

주

Longmans, Green, 1887), 15. (『메시아』 생명의말씀사)

3. Jacob Neusner, *The Mishnah: A New Translation* (New Haven, CT: Yale University Press, 1988), Pirkei Avot, 2:7 (792).

4. Grant Macaskill, *Living in Union with Christ: Paul's Gospel and Christian Moral Identity* (Grand Rapids, MI: Baker Academic, 2019), 132.

5. D. M. Lloyd-Jones, *The Puritans: Their Origins and Successors. Addresses Delivered at the Puritan and Westminster Conferences 1959-1978* (Edinburgh: Banner of Truth, 1987), 170. (『청교도 신앙: 그 기원과 계승자들』 생명의말씀사)

6. Andrew Fuller, *Strictures on Sandemanianism, in Twelve Letters to a Friend, vol. 2 of The Complete Works of the Rev. Andrew Fuller*, ed. Joseph Belcher (1845; repr., Harrisonburg, VA: Sprinkle, 1988), 566.

7. David Philips, *Memoir of the Life, Labors, and Extensive Usefulness of the Rev. Christmas Evans* (New York: M. W. Dodd, 1843), 75.

8. 같은 책, 76.

9. C. S. Lewis, "Meditation in a Toolshed," in *C. S. Lewis: Essay Collection and Other Short Pieces*, ed. Lesley Warmsley (London: HarperCollins, 2000), 607.

10. C. H. Spurgeon, *The Metropolitan Tabernacle Pulpit Sermons*, vol. 25 (London: Passmore & Alabaster, 1879), 633-34.

11. Edersheim, *The Life and Times of Jesus the Messiah*, 15.

12. Hugh Latimer, "Sermon of the Plough," in *Sermons of Hugh Latimer* (Cambridge: The University Press, 1844), 70-71.

13. 분명히 말하자면, 종교개혁의 구호인 '오직 성경으로'(*sola Scriptura*)는 '신조들을 배격하고 성경만 따른다'는 견해가 아니다. 이 구호가 뜻하는 바는 그저 성경만이 **최상의** 권위를 지닌다는 것이다. 우리는 교회의 신조들을 비롯한 다른 권위와 가르침에도 귀를 기울여야 한다. 이 구호에서 강조하는 것은 다른 권위들이 다 성경 아래에 놓여야 한다는 점일 뿐이다. 이를 더 자세히 살펴보려면, Michael Reeves, *Gospel People: A Call for Evangelical Integrity* (Wheaton, IL: Crossway, 2022), 30-35를 보라. (『복음의 사람들』 복 있는 사람)

14. *The Racovian Catechism*, trans. Thomas Rees (London: Longman, Hurst, 1818), 18.

15. C. S. Lewis, *Studies in Medieval and Renaissance Literature* (Cambridge:

복음주의 바리새인

Cambridge University Press, 1966), 138.

16. John Bunyan, *The Pilgrim's Progress* (London: Penguin, 1965), 141. (『천로역정』 CH북스)

17. 같은 책, 141.

18. 같은 책, 142.

3. 바리새인들과 구속

1. Martin Luther, "Second Sermon on Luke 18:9-14," in *The Precious and Sacred Writings of Martin Luther*, ed. John Lenker, vol. 13 (Minneapolis: Lutherans in All Lands, 1904), 349.

2. 신약에서는 바리새인들과 유대 지도자들이 외적인 행실에 집착한 나머지 그릇된 양심으로 행한 사례들을 거듭 보여준다. 한 예로, 예수님이 재판을 받고 처형당하실 때 그들이 보인 모습을 생각해 보자. 그들은 유월절을 지키기 위해 빌라도의 법정에 들어가기를 거부했으며(요 18:28), 안식일을 더럽히지 않으려고 빌라도에게 십자가에 못 박힌 이들의 다리를 꺾어서 치워주기를 부탁했다(19:31). 그들은 유월절과 율법을 '준수하기' 위해 이 모든 일을 행하면서도, 정작 그 율법을 성취한 유월절의 어린 양이신 예수님을 죽이려고 안간힘을 썼던 것이다(고전 5:7). 그들은 성경의 모든 약속을 실현하시는 예수님을 거부하고 배척하면서도, 그분의 오심을 선포하는 그 예식들에 집착했다.

3. Luther, "Second Sermon on Luke 18:9-14," 357.

4. 같은 책, 367.

5. Eustace Carey, *Memoir of William Carey* (Boston: Gould, Kendall and Lincoln, 1836), 75에서 재인용.

6. Martin Luther, *Career of the Reformer I*, vol. 31 of Luther's Works, ed. Jaroslav Jan Pelikan, Hilton C. Oswald, and Helmut T. Lehmann (Philadelphia: Fortress, 1999), 25.

7. C. S. Lewis, *English Literature in the Sixteenth Century: Excluding Drama* (Oxford: Oxford University Press, 1954), 33. 강조는 저자의 것.

8. William Tyndale, "A Pathway into the Holy Scripture," in *The Works of*

주

William Tyndale, 2 vols. (Cambridge: Parker Society, 1848; repr., Edinburgh: Banner of Truth, 2010), 1:8.

9. Michael Reeves, *The Unquenchable Flame: Discovering the Heart of the Reformation* (Nashville: B&H Academic, 2010), 165. (『꺼지지 않는 불길』복 있는 사람)

10. 같은 책, 165.

11. Richard Sibbes, *The Complete Works of Richard Sibbes*, ed. Alexander Balloch Grosart, vol. 1 (Edinburgh: James Nichol; London: James Nisbet; Dublin: W. Robertson, 1862), 100.

12. 같은 책, 38. Reeves, *Unquenchable Flame*, 166도 보라.

13. John Calvin, *Institutes of the Christian Religion*, 2 vols., ed. John T. McNeill, trans. Ford Lewis Battles, Library of Christian Classics (Philadelphia: Westminster, 1960), 3.11.1. (『기독교 강요』CH북스)

14. Martin Luther, *Commentary on Romans*, trans. J. Theodore Mueller (Grand Rapids, MI: Zondervan, 1954), xvii. (『루터의 로마서 주석』CH북스)

15. 같은 책, xvii.

16. Calvin, *Institutes*, 3.2.7.

4. 바리새인들과 거듭남

1. John Newton, "Amazing Grace! (How Sweet the Sound)" (1779), Hymnary (website), https://hymnary.org/.

2. Richard F. Lovelace, *Dynamics of Spiritual Life: An Evangelical Theology of Renewal* (Downers Grove, IL: InterVarsity Press, 1979), 82–89.

3. C. S. Lewis, *The Screwtape Letters* (London: Geoffrey Bles, 1942), 18. (『스크루테이프의 편지』홍성사)

4. Andrew Fuller, *Strictures on Sandemanianism: in Twelve Letters to a Friend*, vol. 2 of *The Complete Works of the Rev. Andrew Fuller*, ed. Joseph Belcher (1845; repr., Harrisonburg, VA: Sprinkle, 1988), 566.

5. 이 책은 1810년에 처음 출간되었다.

6. M. Lloyd-Jones, "Sandemanianism," in *The Puritans: Their Origins and*

Successors. Addresses Delivered at the Puritan and Westminster Conferences 1959-1978 (Edinburgh: Banner of Truth, 1987), 178.

7. William Ames, *The Marrow of Sacred Divinity* (London: Edward Griffin, 1639), 5. (『신학의 정수』CH북스)

8. Fuller, *Strictures on Sandemanianism*, 81.

9. Lloyd-Jones, "Sandemanianism," 185.

10. C. H. Spurgeon, "The Touchstone of Godly Sincerity," in *The Metropolitan Tabernacle Pulpit Sermons*, vol. 17 (London: Passmore and Alabaster, 1871), 210.

11. Lloyd-Jones, "Sandemanianism," 188.

12. Martin Luther, "Sermon on Mt. 15:21-28," in *The Precious and Sacred Writings of Martin Luther*, ed. John Lenker, vol. 10 (Minneapolis: Lutherans in All Lands, 1904), 153.

13. Jonathan Edwards, *The Great Awakening*, ed. C. C. Goen, vol. 4 of *The Works of Jonathan Edwards* (New Haven, CT: Yale University Press, 2009), 160. (『부흥론』 부흥과개혁사)

14. 같은 책, 164.

15. 같은 책, 174.

16. 같은 책, 174-75.

17. John Calvin, *Institutes of the Christian Religion*, 2 vols., ed. John T. McNeill, trans. Ford Lewis Battles, Library of Christian Classics (Philadelphia: Westminster, 1960), 1.1.1-3. (『기독교 강요』CH북스)

18. Martin Luther, *Career of the Reformer I*, vol. 31 of *Luther's Works*, ed. Jaroslav Jan Pelikan, Hilton C. Oswald, and Helmut T. Lehmann (Philadelphia: Fortress, 1999), 350.

19. Richard Sibbes, *The Complete Works of Richard Sibbes*, ed. Alexander Balloch Grosart, vol. 6 (Edinburgh: James Nichol; London: James Nisbet; Dublin: W. Robertson, 1863), 33.

20. 같은 책, 33.

21. C. S. Lewis, *Letters to Malcolm: Chiefly on Prayer* (London: Harcourt Brace, 1964), 115. 강조점은 내가 덧붙였다. (『개인 기도』 홍성사)

22. Heidelberg Catechism (1563), in *Ecumenical Creeds and Reformed*

주

Confessions (Grand Rapids, MI: Christian Reformed Church, 1988), 54.

23. Jonathan Edwards, *Treatise on Grace*, ed. Sang Hyun Lee, vol. 21 of *The Works of Jonathan Edwards* (New Haven, CT: Yale University Press, 2003), 174.

24. John Calvin, *Sermons on the Ten Commandments*, ed. and trans. Benjamin W. Farley (Grand Rapids, MI: Baker, 2000), 76. (『칼빈의 십계명 강해』 비전북)

25. Richard Sibbes, *Works of Richard Sibbes*, 7 vols., ed. Alexander B. Grosart (Edinburgh, 1862-1864; repr., Carlisle, PA: Banner of Truth, 1973-1982), 4:215. 강조는 저자의 것.

5. 바리새인들과 하나님

1. Henry Scougal, *The Life of God in the Soul of Man* (Fearn, Ross-shire, Scotland: Christian Focus, 1996), 55; 강조는 저자의 것. (『인간의 영혼 안에 있는 하나님의 생명』 생명의말씀사)

2. John Owen, *The Glory of Christ*, vol.1 of *The Works of John Owen*, ed. William H. Goold (1850; repr., Edinburgh: Banner of Truth, 1965), 295. (『그리스도의 영광』 지평서원)

3. Augustine of Hippo, *The City of God, in St. Augustin's City of God and Christian Doctrine*, ed. Philip Schaff, trans. Marcus Dods, vol. 2 of *A Select Library of the Nicene and Post-Nicene Fathers of the Christian Church*, 1st ser. (Buffalo, NY: Christian Literature, 1887), 282-83. (『신국론』 분도출판사)

4. Martin Luther, *Career of the Reformer I, vol. 31 of Luther's Works*, ed. Jaroslav Jan Pelikan, Hilton C. Oswald, and Helmut T. Lehmann (Philadelphia: Fortress, 1999), 57.

5. Thomas Cranmer, "Of the Salvation of Mankind, by Only Christ Our Saviour from Sin and Death Everlasting," in *Homilies and Canons* (London: SPCK, 1914), 24. 여기서는 문장을 현대 어법에 맞게 약간 수정했다.

6. Luther, *Career of the Reformer I*, 53.

7. Gregory of Nyssa, "On the Faith," in *Gregory of Nyssa: Dogmatic Treatises, Etc.*, ed. Philip Schaff and Henry Wace, trans. Henry Austin Wilson, vol. 5 of *A Select Library of the Nicene and Post-Nicene Fathers of the Christian*

복음주의 바리새인

Church, 2nd ser. (New York: Christian Literature, 1893), 338.

8. 이 개념을 더 살펴려면, Michael Reeves, *Delighting in the Trinity: An Introduction to the Christian Faith* (Downers Grove, IL: IVP Academic, 2012)를 보라.

9. Karl Barth, *Church Dogmatics, II/1, The Doctrine of God*, ed. G. W. Bromiley and T. F. Torrance (Edinburgh: T&T Clark, 1936–1977), 661. (『교회 교의학』 대한기독교서회)

10. John Calvin, *Institutes of the Christian Religion*, 2 vols., ed. John T. McNeill, trans. Ford Lewis Battles, Library of Christian Classics (Philadelphia: Westminster, 1960), 1.11.8. (『기독교 강요』 CH북스)

11. Scougal, *Life of God in the Soul of Man*, 49. 강조는 저자의 것.

12. Augustine of Hippo, *The Confessions*, trans. Maria Boulding, ed. D. V. Meconi (San Francisco: Ignatius, 1997), 6.8.13. (『고백록』 CH북스)

13. Walter Marshall, *Gospel Mystery of Sanctification* (Welwyn, UK: Evangelical Press, 1981), 34. (『성화의 신비』 복 있는 사람)

14. 같은 책, 34.

15. Oswald Chambers, *My Utmost for His Highest* (New York: Dodd, Mead, 1935), 18. (『주님은 나의 최고봉』 토기장이)

16. Owen, *Glory of Christ*, 395. 강조는 원래의 것.

주

찾아보기

찾아보기

복음주의 바리새인

복음주의 바리새인

찾아보기

복음주의 바리새인

찾아보기